GYMNASIUM BAYERN

FOKUS BIOLOGIE 10

LÖSUNGEN

FOKUS BIOLOGIE

LÖSUNGEN

Autorinnen und Autoren:	Thomas Freiman, Nürnberg; Wolf Kraus, Lauf; Claudia Schneider, Buckenhof bei Erlangen; Katharina Kramm, Nürnberg; Mirjam Hummel, Erlangen; Stefan Grabe, Lauf; Ulrike Müller, Egmating; Christian Farr, Lauf; Dr. Nikolaus Kocher, Würzburg; Dr. Katja Feigenspan, Heroldsbach
Redaktion:	Aljoscha Metz
Illustration und Grafik:	Jörg Mair, newVISION! GmbH – Bernhard A. Peter, Angelika Kramer, Marina Goldberg, Tom Menzel
Titelbild Mund:	Shutterstock.com/benik.at
Layout und technische Umsetzung:	L42 AG, Berlin
Umschlaggestaltung:	Studio Syberg, Berlin

Begleitmaterialien zu Fokus Biologie 10

Schülerbuch	ISBN 978-3-06-011921-9
Kopiervorlagen	ISBN 978-3-06-011926-4
E-Book	ISBN 978-3-06-011947-9
Unterrichtsmanager Plus online Inkl. E-Book als Zugabe und Begleitmaterialien auf cornelsen.de	ISBN 978-3-06-013050-4

www.cornelsen.de

Die Webseiten Dritter, deren Internetadressen in diesem Lehrwerk angegeben sind, wurden vor Drucklegung sorgfältig geprüft. Der Verlag übernimmt keine Gewähr für die Aktualität und den Inhalt dieser Seiten oder solcher, die mit ihnen verlinkt sind.

1. Auflage, 1. Druck 2023

Alle Drucke dieser Auflage sind inhaltlich unverändert und können im Unterricht nebeneinander verwendet werden.

© 2023 Cornelsen Verlag GmbH, Berlin

Das Werk und seine Teile sind urheberrechtlich geschützt. Jede Nutzung in anderen als den gesetzlich zugelassenen Fällen bedarf der vorherigen schriftlichen Einwilligung des Verlages. Hinweis zu §§ 60 a, 60 b UrhG: Weder das Werk noch seine Teile dürfen ohne eine solche Einwilligung an Schulen oder in Unterrichts- und Lehrmedien (§ 60 b Abs. 3 UrhG) vervielfältigt, insbesondere kopiert oder eingescannt, verbreitet oder in ein Netzwerk eingestellt oder sonst öffentlich zugänglich gemacht oder wiedergegeben werden. Dies gilt auch für Intranets von Schulen.

Druck: Esser printSolutions GmbH, Bretten

ISBN 978-3-06-011946-2

PEFC zertifiziert
Dieses Produkt stammt aus nachhaltig bewirtschafteten Wäldern und kontrollierten Quellen.
www.pefc.de

INHALT

Der Mensch als Ökosystem 4

Biomoleküle als Energieträger und Baustoffe 24

Stoff- und Energieumwandlung beim Menschen 38

Gasaustausch und Atemgastransport im Blutkreislauf 50

Energiebereitstellung in der Zelle 66

Vergangenheit und Zukunft des Menschen. 71

ERLÄUTERUNGEN

Jeder Aufgabe sind Angaben vorangestellt, die den jeweiligen Kompetenzbereich und Aufgabentyp ausweisen. Diese Angaben dienen lediglich der Orientierung und haben keinen Anspruch auf Vollständigkeit.

Bedeutung der Angaben:

Kompetenzbereiche
E: Erkenntnisgewinnung
K: Kommunikation
F: Fachwissen
B: Bewerten

Aufgabentypen
AA: Arbeitsaufgabe bzw. Arbeitsauftrag
PA: Prüfungsaufgabe
DA: Diagnoseaufgabe

Der Mensch als Ökosystem
(S. 10–43)

▶ Seite 11

1 Kompetenzbereich: E ☐ K ☐ F ☒ B ☐
Aufgabentyp: AA ☐ PA ☐ DA ☒

Individuelle Schülerantwort
Zum Beispiel: Einige traditionell lebende Ethnien sind noch stark in ein natürliches Nahrungsnetz eingebunden und teilweise direkt abhängig von den abiotischen und biotischen Faktoren ihres Lebensraumes. Stadtbewohner einer entwickelten Industrie- bzw. Dienstleistungsgesellschaft dagegen leben in der Regel in einem weitgehend selbst geschaffenen Lebensraum. Biotische Faktoren wie das Nahrungsangebot oder Nahrungskonkurrenz spielen für sie nur eine geringe Rolle (Ausnahme vielleicht Epidemie/Pandemie). Teilweise können die Bewohner einer Siedlung/Stadt auch Einfluss nehmen auf abiotische Faktoren (Heizung/Aircondition/Fensterscheiben/Straßenbeleuchtung/…).

2 Kompetenzbereich: E ☒ K ☐ F ☐ B ☐
Aufgabentyp: AA ☐ PA ☐ DA ☒

Individuelle Schülerantwort

3 Kompetenzbereich: E ☐ K ☐ F ☒ B ☐
Aufgabentyp: AA ☐ PA ☐ DA ☒

Individuelle Schülerantwort
Zum Beispiel: Untersuchungen unter dem Mikroskop, genetische Untersuchungen (fremde DNA in Gewebeproben)

4 Kompetenzbereich: E ☒ K ☐ F ☐ B ☐
Aufgabentyp: AA ☐ PA ☐ DA ☒

Individuelle Schülerantwort
Zum Beispiel: Abtöten der Krankheitserreger

5 Kompetenzbereich: E ☒ K ☐ F ☒ B ☐
Aufgabentyp: AA ☒ PA ☐ DA ☒

Individuelle Schülerantwort

▶ Seite 12

1 Kompetenzbereich: E ☒ K ☐ F ☐ B ☐
Aufgabentyp: AA ☐ PA ☐ DA ☒

Individuelle Schülerantwort
Zum Beispiel: Der Mensch bietet eine konstant günstige Temperatur, Nahrung, Schutz etc.
Ein Parasit bezieht einseitig zum Beispiel Nahrung vom Menschen und schadet ihm somit.
Ein Symbiont hat günstige Auswirkungen auf seinen Wirt (in diesem Fall den Menschen) und wird zugleich zum Beispiel mit Nahrung versorgt.

2 Kompetenzbereich: E ☐ K ☐ F ☒ B ☐
Aufgabentyp: AA ☐ PA ☐ DA ☒

Individuelle Schülerantwort
Zum Beispiel Flöhe, Mücken, Wanzen, Blutegel, Zecken etc.

3 Kompetenzbereich: E ☒ K ☐ F ☒ B ☐
Aufgabentyp: AA ☒ PA ☐ DA ☒

Individuelle Schülerantwort
Läuse, Mücke, Bandwurm, Bakterien, Spulwürmer, Zecken, Amöbe, Protozoen
Es handelt sich überwiegend um Parasiten, Bakterien z.B. können aber auch Symbiosen mit dem Menschen eingehen.

4 Kompetenzbereich: E ☒ K ☐ F ☒ B ☐
Aufgabentyp: AA ☒ PA ☐ DA ☐

Individuelle Schülerantwort

▶ Seite 13

5 Kompetenzbereich: E ☐ K ☐ F ☒ B ☐
Aufgabentyp: AA ☒ PA ☐ DA ☒

Individuelle Schülerantwort
Abiotische Faktoren: chemisch-physikalisch bedingte Umweltfaktoren
Sauerstoffgehalt: Gehalt an Sauerstoff in der Umgebungsluft bzw. im Wasser
pH-Wert: Gibt an, wie sauer bzw. alkalisch die Umgebung ist
Biotische Faktoren: Umweltfaktoren, an deren Zustandekommen Lebewesen beteiligt sind.
Nahrungskonkurrenz: Konkurrenz zweier Lebewesen um die gleiche Nahrungsquelle
Fressfeind: Tier, das ein anderes Tier erlegt und frisst und für dieses somit eine Gefahr darstellt
Parasiten: s.o.
Symbionten: s.o.
Artgenossen: Lebewesen der gleichen Art

6 Kompetenzbereich: E ☐ K ☐ F ☒ B ☐
Aufgabentyp: AA ☒ PA ☒ DA ☐

Individuelle Schülerantwort
Beispiel: Der Sauerstoffgehalt im See ist unter anderem abhängig von den darin wachsenden Pflanzen, die bei der Fotosynthese Sauerstoff an das Wasser abgeben. Viele Lebewesen im See können unterhalb eines gewissen Sauerstoffgehalts nicht überleben. Die Temperatur eines Sees hat Einfluss auf den Sauerstoffgehalt und

Der Mensch als Ökosystem

auch darüber hinaus auf darin lebenden thermokonformen Lebewesen. Beeinflusst wird die Temperatur vor allem durch die Sonneneinstrahlung, die auch einen direkten Einfluss auf das Pflanzenwachstum hat. Zudem können die meisten Lebewesen nur innerhalb eines bestimmten pH-Wert-Bereichs überleben. Durch den Wind wird das Wasser des Sees in Bewegung versetzt, wodurch es zu einer Durchmischung des Seewassers kommt.

Viele Lebewesen im See haben mindestens eine Art von Fressfeind. Oft sind solche Lebewesen zudem Fressfeinde für andere Organsimen. Dies lässt sich in Form einer Nahrungskette darstellen. Dabei dienen Pflanzen (hier beispielsweise: Wasserpest) Pflanzenfressern (hier: Karpfen) als Nahrung. Diese werden wiederum von Fleischfressern gefressen (hier: Karpfenlaich und Reiherente). Mit einem Nahrungsnetz können die Verknüpfungen der linearen Nahrungsketten untereinander dargestellt werden. So ernährt sich die Reiherente neben dem Laich der Fische auch von Teichmuscheln, deren Nahrungsgrundlage wiederum Plankton ist. Die Lebewesen stehen mit Lebewesen anderer Arten aber auch mit ihren Artgenossen oft in Nahrungskonkurrenz, z.B. wenn sich beide von der gleichen Pflanze ernähren.

7	Kompetenzbereich:	E ☒	K ☐	F ☒	B ☐	
	Aufgabentyp:		AA ☒	PA ☒	DA ☐	

Individuelle Schülerantwort
Unter Umständen könnte man z.B. den durch die Stoffwechselaktivität des menschlichen Organismus gegebenen Sauerstoffgehalt, die Temperatur oder auch den pH-Wert aus der Perspektive eines symbiontischen oder parasitischen Bewohners als abiotischen Faktor betrachten. Das Körperinnere des Menschen ist abgegrenzt von vielen abiotischen Faktoren. Der Begriff Ökosystem ist insgesamt nur in Grenzen auf den Menschen anwendbar. Zudem verschwimmen oft die Grenzen zwischen dem Menschen als individuellen Organismus (Parasiten, Symbionten) und dem Menschen als Lebensraum.

	See	Mensch
Biotische Faktoren		
Nahrungs-konkurrenz	Zwischen den Lebewesen im See	z.B. Zwischen Darmbewohnern
Fressfeinde	Viele Lebewesen des Sees sind für andere Fressfeinde.	Auch im menschlichen Körper können Organismen für andere Fressfeinde darstellen, dies jedoch meist nur im mikroskopischen Bereich.
Parasiten	Einige Lebewesen des Sees stellen für andere Parasiten dar.	Der Mensch selbst kann von Parasiten befallen sein.
Symbionten	Einige Lebewesen des Sees gehen mit anderen Symbiosen ein.	Einige Lebewesen im menschlichen Körper gehen mit dem Menschen symbiontische Beziehungen ein.
Artgenossen	Viele Lebewesen im See haben Artgenossen im gleichen Lebensraum.	Die Lebewesen, die den Menschen bewohnen, treten in der Regel zusammen mit zahlreichen Artgenossen auf. (z.B. Bakterien)
Abiotische Faktoren		
Sauerstoff-gehalt	Abhängig von den Primärproduzenten; kann sich in verschiedenen Schichten des Sees stark unterscheiden	Im Verdauungstrakt nimmt der Sauerstoffgehalt immer weiter ab. Im Dickdarm ist kaum mehr Sauerstoff vorhanden.
Wind	Großer Einfluss auf die Wasserbewegung	Einfluss nur auf die Außenhaut und die unbedeckten Haare
Sonnen-einstrahlung	Wichtig für die Temperatur des Sees sowie die Fotosyntheseaktivität der Pflanzen	Eher geringer Einfluss auf die Lebewesen im menschlichen Körper
Temperatur	Wird stark von der Sonneneinstrahlung beeinflusst	Weitestgehend konstant
pH-Wert	Weitestgehend konstant; es können jedoch Unterschiede zwischen den verschiedenen Schichten vorliegen	Abhängig vom Körperbereich (im Magen sauer, im Mundraum eher alkalisch)

8	Kompetenzbereich: E ☒ K ☐ F ☒ B ☐
	Aufgabentyp: AA ☒ PA ☒ DA ☒

Individuelle Schülerantwort
Unterschiede: Im „Ökosystem Mensch" gibt es keine Primärproduzenten. Stattdessen muss Nahrung von außen zugeführt werden. Zudem gehen viele Lebewesen direkte Beziehungen mit dem Menschen als Lebewesen ein (Parasiten, Symbionten).
Gemeinsamkeiten: Auch im menschlichen Körper kommt es zur Ausbildung von Nahrungsketten, der pH-Wert und die Temperatur im Körper haben einen großen Einfluss auf die darin lebenden Organismen etc.

▶ **Seite 16**

1	Kompetenzbereich: E ☒ K ☐ F ☒ B ☐
	Aufgabentyp: AA ☐ PA ☒ DA ☒

Individuelle Schülerantwort
Zum Beispiel: Negativer Einfluss auf das Mikrobiom der Haut durch übermäßige Körperhygiene mit Körperpflegeprodukten (zum Beispiel Duschgel).

2	Kompetenzbereich: E ☒ K ☐ F ☒ B ☐
	Aufgabentyp: AA ☐ PA ☒ DA ☐

Ein gesundes Mikrobiom trägt wesentlich zur Gesunderhaltung der Haut bei. Hauterkrankungen können auf ein Ungleichgleichgewicht innerhalb des Mikrobioms hindeuten.

3	Kompetenzbereich: E ☒ K ☒ F ☒ B ☒
	Aufgabentyp: AA ☒ PA ☒ DA ☐

Individuelle Schülerantwort
Hände waschen und ggf. desinfizieren kann vor Infektionen schützen. Die Reinigung des Wohnraums und der Kleidung sowie eine gewisse Hygiene in der Küche und im Badezimmer kann die Verbreitung und Vermehrung von Krankheitserregern (zu einem gewissen Grad) unterbinden.

4	Kompetenzbereich: E ☒ K ☐ F ☒ B ☐
	Aufgabentyp: AA ☒ PA ☒ DA ☐

A Die Achselhöhlen bieten unter anderem durch die verstärkte Schweißabsonderung mehr verwertbare Proteine, eine höhere Feuchtigkeit, eine höhere Temperatur etc. Dies alles Begünstigt die Besiedlung und das Wachstum von Mikroorganismen.
B Ein Bakterium nimmt eine Fläche von 0,5 Quadratmikrometern ein. Ein Quadratzentimeter entspricht einhundertmillionen Quadratmikrometern.
Auf einem Quadratmillimeter können also theoretisch zweihundertmillionen (200000000) Bakterien Platz finden.

5	Kompetenzbereich: E ☒ K ☐ F ☒ B ☐
	Aufgabentyp: AA ☒ PA ☒ DA ☐

Individuelle Schülerantwort
Schlussfolgerung: Die Darmbakterien sind anscheinend lebensnotwendig für das Küken. Sie werden von den Küken von außen aufgenommen und besiedeln nach kurzer Zeit den Verdauungstrakt, wo sie die Verwertung der Nahrung fördern und damit ein normales Wachstum begünstigen.

▶ **Seite 17**

6	Kompetenzbereich: E ☐ K ☐ F ☒ B ☐
	Aufgabentyp: AA ☐ PA ☒ DA ☐

Der Verdauungsvorgang wird dabei durch eine stärkere Durchmischung des Nahrungsbreis verbessert.

7	Kompetenzbereich: E ☐ K ☐ F ☒ B ☐
	Aufgabentyp: AA ☐ PA ☒ DA ☐

Der Sauerstoff, der mit der Nahrung aufgenommen wird, wird im Dünndarm von Mikroorganismen weitestgehend verbraucht. Im Dickdarm steht somit kein Sauerstoff mehr zur Verfügung.

8	Kompetenzbereich: E ☒ K ☒ F ☒ B ☒
	Aufgabentyp: AA ☒ PA ☒ DA ☐

Individuelle Schülerantwort

9	Kompetenzbereich: E ☐ K ☐ F ☒ B ☐
	Aufgabentyp: AA ☐ PA ☐ DA ☒

Störungen des Darmbiotops sollen durch eine Neubesiedlung eines bestehenden Mikrobioms behoben werden. Bakterien, die sich negativ auf die Verdauung auswirken, werden dabei verdrängt.

10	Kompetenzbereich: E ☒ K ☒ F ☒ B ☐
	Aufgabentyp: AA ☒ PA ☒ DA ☐

Individuelle Schülerantwort
Zum Beispiel: Positiver Einfluss von Darm- und Hautbakterien. Parasitische und symbiontische Beziehungen untereinander, Nahrungsketten und -netze etc.

11	Kompetenzbereich: E ☒ K ☒ F ☒ B ☐
	Aufgabentyp: AA ☒ PA ☒ DA ☐

Individuelle Schülerantwort
Übertragung von Bakterien über Flöhe, die auf Ratten lebten und durch diese verbreitet werden.
Eine Isolation der Erkrankten und eine verbesserte Hygiene und Abfallbeseitigung waren Maßnahmen gegen die Pest.

Der Mensch als Ökosystem

12	Kompetenzbereich:	E ☒	K ☒	F ☒	B ☐
	Aufgabentyp:	AA ☒	PA ☒	DA ☒	

Er schloss aus seinen Beobachtungen, dass nicht sichtbare Krankheitskeime von den Händen und Instrumenten der Ärzte von erkrankten Individuen auf gesunde Personen übertragen werden können. Seine Maßnahmen sollten diese Übertragung verhindern.

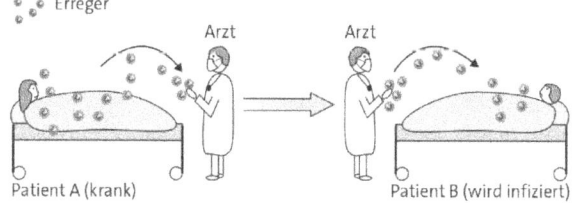

Cornelsen/newVision! GmbH, Bernhard A. Peter, Pattensen

13	Kompetenzbereich:	E ☒	K ☐	F ☒	B ☐
	Aufgabentyp:	AA ☒	PA ☐	DA ☐	

Individuelle Schülerantwort
SEMMELWEIS war großer Kritik ausgesetzt, da er nach damaliger Auffassung dem Ruf des Ärztestandes schadete.

14	Kompetenzbereich:	E ☒	K ☒	F ☒	B ☐
	Aufgabentyp:	AA ☒	PA ☒	DA ☐	

Erstmals nachgewiesen im 5. Jahrhundert: Nutzung von Bakterien für Milchsäuregärung (Herstellung von Joghurt, Kefir, Bulgur etc.) - 1676 erste Beschreibung von Bakterien durch Antoni van Leeuwenhoek (erstes Mikroskop) – 1856 Entdeckung der Milchsäurebakterien durch Pasteur – 1876 Ferdinand Julius Cohn gelang die klare Trennung der verschiedenen Bakterienarten auf Nährboden – 1887 Robert Koch setzte Bakterien mit Erkrankungen in Verbindung – 1928 Entdeckung des Penicillins durch Alexander Fleming – Neuzeit (zunehmende Nutzung von Bakterien z.B. für die Herstellung von Medikamenten, Abbau von Abfallprodukten etc.)

▶ Seite 18

1	Kompetenzbereich:	E ☐	K ☐	F ☒	B ☐
	Aufgabentyp:	AA ☒	PA ☒	DA ☐	

Individuelle Schülerantwort
1. Geißeln: Fortbewegung
2. Plasmid: trägt besondere Erbinformationen (z. B. Resistenzgene)
3. DNA-Molekül: trägt die Erbinformation
4. Zellmembran: Abgrenzung von der Außenwelt
5. Zellwand: Schutz, Formgebung
6. Zellplasma: im Zellplasma laufen die Lebensvorgänge ab

Zellbestandteil	Bakterienzelle	Menschliche Zelle
Geißeln	ja	nur spezielle Zellen, z.B. Spermienzellen
Plasmid	ja	nein
DNA-Molekül	liegt frei im Zellplasma	liegt im Zellkern
Zellmembran	ja	ja
Zellwand	ja	nein
Zellplasma	ja	ja

2	Kompetenzbereich:	E ☒	K ☐	F ☒	B ☐
	Aufgabentyp:	AA ☒	PA ☒	DA ☐	

a Wachstumsphase: die Bakterien vermehren sich exponentiell

b die Kapazitätsgrenze ist erreicht: Aufgrund der begrenzten Ressourcen bzw. der Anreicherung an giftigen Stoffwechselprodukten kommt es zu keiner weiteren messbaren Vermehrung der Bakterien.

c Absterbephase: Die Ressourcen sind so weit aufgebraucht bzw. die Anreicherung an giftigen Stoffwechselprodukten so weit fortgeschritten, dass es zu einem Absterben der Bakterien kommt.

3	Kompetenzbereich:	E ☐	K ☐	F ☒	B ☐
	Aufgabentyp:	AA ☒	PA ☒	DA ☐	

Der menschliche Körper ist wie die Nährlösung ein von der Umwelt abgegrenztes System, das Nährstoffe enthält. Im Unterschied zur Nährlösung besitzt der menschliche Körper gezielte Mechanismen zur Abwehr von unerwünschten Bakterien.

4	Kompetenzbereich:	E ☒	K ☒	F ☒	B ☐
	Aufgabentyp:	AA ☒	PA ☒	DA ☐	

Individuelle Schülerantwort
zum Beispiel:
Fall 1: Bakterien vermehren sich, Person wird krank, Körper bekämpft Erreger erfolgreich
Fall 2: Bakterien vermehren sich, Person wird krank, Körper kann die Vermehrung nicht stoppen
Fall 3: Vermehrung wird bereits verhindert

5	Kompetenzbereich:	E ☒	K ☐	F ☒	B ☐
	Aufgabentyp:	AA ☐	PA ☒	DA ☐	

Individuelle Schülerantwort
Während der Wachstumsphase der Bakterien

6
Kompetenzbereich: E ☒ K ☒ F ☒ B ☐
Aufgabentyp: AA ☒ PA ☒ DA ☐

a + d Man kann einen kausalen Zusammenhang zwischen Krankheitsbild und Erreger herstellen somit einem Krankheitsbild, einen bestimmten Erreger zuordnen.

b + c Der Erreger kann sich vermehren, kann auf ein anderes Individuum übertragen werden und bei diesem die gleichen Symptome auslösen.

Es wird damit ausgeschlossen, dass es sich nicht um eine Vergiftung handelt, da die Krankheitssymptome bei jedem neuen Infizierten in vergleichbarer Intensität ausgelöst werden und es nicht zu einer Abschwächung kommt. Es werden zudem andere Faktoren ausgeschlossen (zum Beispiel Stoffwechselkrankheiten).
Hinweis für die Lehrkraft: Gegenargumente finden lassen und mithilfe der Postulate entkräften.

7
Kompetenzbereich: E ☒ K ☒ F ☒ B ☐
Aufgabentyp: AA ☒ PA ☐ DA ☐

Individuelle Schülerantwort

▶ **Seite 19**

8
Kompetenzbereich: E ☒ K ☐ F ☒ B ☐
Aufgabentyp: AA ☒ PA ☒ DA ☐

Die Rötung, Schwellung und das Wärmegefühl gehen auf den erhöhten Blutzustrom zurück. Der Schmerz geht auf die Verletzung sowie die Schwellung zurück. Der Eiter ist ein Zeichen für die aktive Bekämpfung der Erreger durch weiße Blutkörperchen.

9
Kompetenzbereich: E ☒ K ☒ F ☒ B ☐
Aufgabentyp: AA ☒ PA ☒ DA ☐

Individuelle Schülerantwort
Die anfängliche Zeit, in der sich die Bakterien vermehren ohne das Krankheitssymptome auftreten, bezeichnet man als Inkubationszeit.
Die Bildung von Toxinen geht mit Krankheitssymptomen einher. Fieber ist eine Gegenmaßnahme des Körpers.

10
Kompetenzbereich: E ☐ K ☐ F ☒ B ☐
Aufgabentyp: AA ☐ PA ☒ DA ☐

Ein Anschwellen der Wände der Lungenbläschen durch die entzündungsbedingte Flüssigkeitsansammlung beeinträchtigt die Diffusion von Sauerstoffmolekülen.

11
Kompetenzbereich: E ☒ K ☒ F ☒ B ☐
Aufgabentyp: AA ☒ PA ☒ DA ☐

Individuelle Schülerantwort
Die Vorstellungen Pettenkofers schlossen eine Mitwirkung von Bakterien aus. Stattdessen war er davon überzeugt, dass die Erkrankungen durch noch unbekannte „Ausdünstungen" verursacht werden. Trotz dieses Irrtums führten seine Maßnahmen jedoch durch eine bessere Versorgung mit sauberem Trinkwasser dazu, dass das Infektionsrisiko mit Cholerabakterien durch verseuchtes Trinkwasser reduziert wurde.

12
Kompetenzbereich: E ☐ K ☐ F ☒ B ☐
Aufgabentyp: AA ☒ PA ☒ DA ☐

Zum Beispiel Tröpfcheninfektionen (Husten, Niesen), Schmierinfektionen, Aufnahme von Bakterien über die Nahrung bzw. verunreinigtes Trinkwasser, Verletzungen, Insektenstiche etc.
Maßnahmen: Hygiene, Nahrung kochen, Wunden desinfizieren, sauberes Trinkwasser, Quarantäne für Infizierte, Impfungen etc.

▶ **Seite 20**

1
Kompetenzbereich: E ☒ K ☐ F ☒ B ☐
Aufgabentyp: AA ☒ PA ☒ DA ☐

Da sich die Erreger vermehrten, konnte es sich nicht um einen Giftstoff handelte. Die Erreger mussten deutlich kleiner sein als Bakterien. Alle Sorten von Organismen sind von diesen Erregern betroffen.

2
Kompetenzbereich: E ☒ K ☐ F ☒ B ☐
Aufgabentyp: AA ☐ PA ☒ DA ☐

Beobachtung b, da weitere Individuen angesteckt werden konnten. Bei einem Giftstoff müsste ein Abschwächungseffekt auftreten.

3
Kompetenzbereich: E ☒ K ☒ F ☒ B ☐
Aufgabentyp: AA ☒ PA ☒ DA ☐

Anwendung der Kochschen Postulate. Das Filtrat wird genutzt, um ein neues Individuum zu infizieren. Bei diesem sollte das gleiche Krankheitsbild auftreten und der Versuch sollte nochmals durchführbar sein.

Der Mensch als Ökosystem

4	Kompetenzbereich:	E ☒	K ☒	F ☒	B ☐
	Aufgabentyp:	AA ☒	PA ☒	DA ☐	

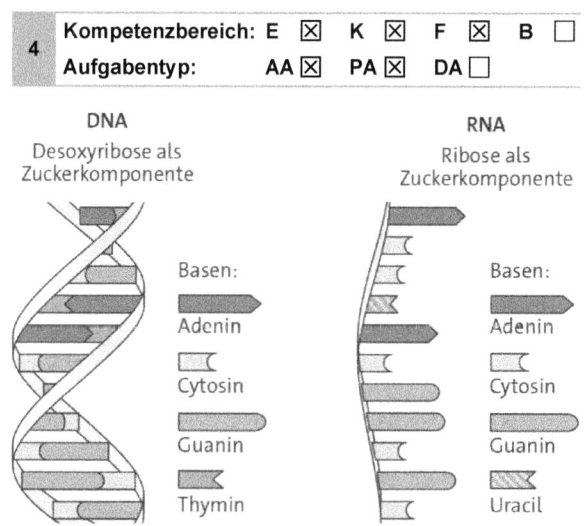

Cornelsen/Tom Menzel, bearbeitet durch newVision! GmbH, Bernhard A. Peter

5	Kompetenzbereich:	E ☒	K ☒	F ☒	B ☐
	Aufgabentyp:	AA ☒	PA ☒	DA ☒	

A Wachstum, Fortpflanzung, Reizbarkeit, Stoffwechsel, Bewegung, (Bau aus Zellen)

B

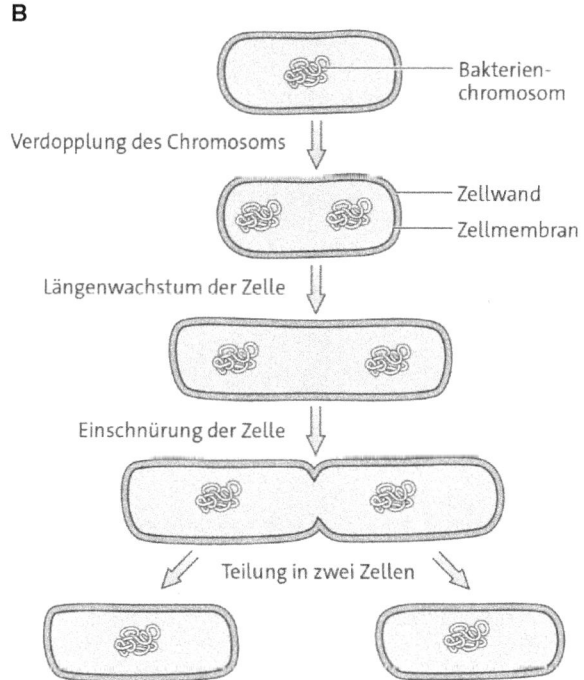

Cornelsen/Jörg Mair, bearbeitet durch newVision! GmbH, Bernhard A. Peter, Pattensen

C *Individuelle Schülerantwort*
Viren benötigen zu ihrer Vermehrung lebende Zellen, deren Zellbestandteile sie für ihre Reproduktion nutzen.

▶ Seite 21

6	Kompetenzbereich:	E ☒	K ☒	F ☒	B ☐
	Aufgabentyp:	AA ☒	PA ☒	DA ☐	

Individuelle Schülerantwort
Das Virus dockt mithilfe von Spikeproteinen an bestimmte Rezeptoren der Körperzelle an. Es dringt in diese ein und gibt seine Erbinformationen frei. Diese werden repliziert und von den Ribosomen der Zelle abgelesen, was zur Produktion von Virenproteinen führt. Zusammen mit der replizierten Erbinformation werden daraus neue Viren aufgebaut, die die Zelle verlassen (wobei diese stirbt).

7	Kompetenzbereich:	E ☐	K ☐	F ☒	B ☐
	Aufgabentyp:	AA ☐	PA ☒	DA ☐	

Individuelle Schülerantwort
Zum Beispiel: Verhindern …
… das Andocken an den Rezeptoren
… die Bildung von Virusproteinen
… den Zusammenbau der Virusbestandteile etc.

8	Kompetenzbereich:	E ☐	K ☒	F ☒	B ☐
	Aufgabentyp:	AA ☒	PA ☐	DA ☐	

Lytisch = Auflösung (in diesem Fall, der Zerfall der Zelle)

9	Kompetenzbereich:	E ☐	K ☒	F ☒	B ☐
	Aufgabentyp:	AA ☒	PA ☒	DA ☐	

Individuelle Schülerantwort
Zum Beispiel:
Viren haben keinen eigenen Stoffwechsel und können sich nicht eigenständig vermehren.
Sie bestehen allerdings aus Proteinmolekülen, enthalten genetische Information und vermehren sich mithilfe von lebenden Zellen und haben somit Teileigenschaften von Lebewesen.
Hinweis: Kann man einen Virus mit einer anorganischen, leblosen Materie vergleichen? Sind die Virusmerkmale eventuell reduziert?

10	Kompetenzbereich:	E ☐	K ☐	F ☒	B ☒
	Aufgabentyp:	AA ☒	PA ☒	DA ☐	

Individuelle Schülerantwort
Zum Beispiel: Abstand halten bzw. Kontakte vermeiden, Schutzmaske tragen, Desinfektion der Hände, Belüftung von Räumlichkeiten etc.

11	Kompetenzbereich:	E ☒	K ☒	F ☒	B ☐
	Aufgabentyp:	AA ☒	PA ☐	DA ☐	

Individuelle Schülerantwort
Das Dengue-Fieber wird vor allem durch die Tigermücke übertragen. Durch den Klimawandel breitet sich diese immer weiter Richtung Norden aus und kommt inzwischen bereits vereinzelt in Deutschland vor. Ob die Tigermücken unter den hiesigen Klimabedingungen die Krankheit verbreiten können, also infektiöse Virenträger sind, ist noch nicht geklärt.

▶ **Seite 22**

1	Kompetenzbereich:	E ☒	K ☐	F ☒	B ☐
	Aufgabentyp:	AA ☒	PA ☒	DA ☐	

Individuelle Schülerantwort
A Die Bakterienkolonie breitet sich ungehindert aus.

B Die Bakterienkolonie wird durch das Pilzgeflecht stark eingeschränkt bzw. zurückgedrängt. Um das Pilzgeflecht herum besteht eine bakterienfreie Zone.

C Wenn das Pilzgeflecht in die Nähe der Bakterienkolonie gelangt, verhindert es das weitere Wachstum der Bakterienkolonie und verkleinert diese sogar.

D Fleming schloss daraus, dass das Pilzgeflecht einen Stoff herstellt, mit dem die Vermehrung der Bakterien beeinträchtigt werden kann. Mit diesem Stoff könnte man krankheitserregende Bakterien im Körper eventuell bekämpfen.

2	Kompetenzbereich:	E ☒	K ☐	F ☒	B ☐
	Aufgabentyp:	AA ☒	PA ☒	DA ☐	

Individuelle Schülerantwort
Das Penicillin ähnelt in seiner räumlichen Struktur einem Substartmolekül und blockiert das Enzym, das für die Bildung der Zellwand verantwortlich ist, was dazu führt, dass das Bakterium sich nicht erfolgreich vermehren kann.

3	Kompetenzbereich:	E ☐	K ☒	F ☒	B ☐
	Aufgabentyp:	AA ☒	PA ☒	DA ☐	

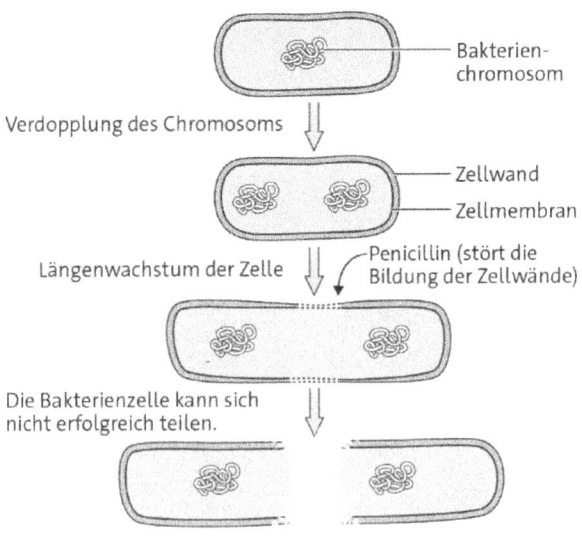

Cornelsen/Jörg Mair, bearbeitet durch newVision! GmbH, Bernhard A. Peter, Pattensen

4	Kompetenzbereich:	E ☒	K ☐	F ☒	B ☐
	Aufgabentyp:	AA ☒	PA ☒	DA ☐	

Individuelle Schülerantwort
Das Penicillin wirkt spezifisch auf Enzyme der Bakterien und hat keinen Einfluss auf die menschlichen Zellen. Medikamente auf chemischer Basis dagegen greifen jeden Typ von Zelle an.

5	Kompetenzbereich:	E ☒	K ☒	F ☒	B ☐
	Aufgabentyp:	AA ☒	PA ☐	DA ☐	

Anti = gegen, Biotika = Lebewesen

6	Kompetenzbereich:	E ☐	K ☐	F ☒	B ☐
	Aufgabentyp:	AA ☒	PA ☒	DA ☐	

Die DNA-Replikation sowie die Bildung von RNA kann nicht mehr stattfinden. Dadurch stirbt die Zelle ab.

7	Kompetenzbereich:	E ☒	K ☐	F ☒	B ☐
	Aufgabentyp:	AA ☒	PA ☒	DA ☐	

Die meisten Wirkmechanismen wirken nach dem Schlüssel-Schloss-Prinzip.
Sulfonamide blockieren Enzyme zur Bildung von Folsäure und stören damit die Nukleotidsynthese.
Penicillin blockiert ein wichtiges Enzym der Zellwandsynthese.
Tetracyclin blockiert das Ribosom.
Rifampicin blockiert ein Enzym, das für die Bildung von mRNA benötigt wird.
Alle Antibiotika haben zur Folge, dass bestimmte Proteinmoleküle nicht mehr hergestellt werden können, was zum Absterben der Zelle führt.

Der Mensch als Ökosystem

▶ Seite 23

8 Kompetenzbereich: E ☒ K ☐ F ☒ B ☐
Aufgabentyp: AA ☒ PA ☒ DA ☐

Durch Antibiotika werden auch nützliche Bakterien im menschlichen Körper abgetötet. Dadurch können Verdauungsvorgänge beeinträchtigt werden und sich eventuell Pilze zum Beispiel auf der Zunge ungehindert vermehren. Das ökologische Gleichgewicht wird in beiden Fällen gestört.

9 Kompetenzbereich: E ☐ K ☐ F ☒ B ☐
Aufgabentyp: AA ☐ PA ☒ DA ☐

Mutation ist eine spontan erfolgende, ungerichtete Veränderung der genetischen Information.

10 Kompetenzbereich: E ☐ K ☐ F ☒ B ☐
Aufgabentyp: AA ☐ PA ☒ DA ☐

Der Reproduktionszyklus ist bei Bakterien um ein Vielfaches kürzer als bei mehrzelligen Tieren. Daher können durch Mutationen verursachte Veränderungen schon in kurzer Zeit in der Population verbreiten.

11 Kompetenzbereich: E ☐ K ☒ F ☐ B ☐
Aufgabentyp: AA ☒ PA ☐ DA ☐

Der Anteil resistenter Bakterienarten bzw. -stämme nimmt über die Jahre hinweg zu. Bei einigen Bakterienarten bzw. -stämmen erfolgt dies schneller als bei anderen.

12 Kompetenzbereich: E ☒ K ☐ F ☒ B ☐
Aufgabentyp: AA ☐ PA ☒ DA ☐

Individuelle Schülerantwort
Durch Mutationen können sich Enzyme dahingehend verändern, dass sie nicht mehr oder nur noch eingeschränkt durch Antibiotika blockiert werden können. Die Passung nach dem Schlüssel-Schloss-Prinzip funktioniert dann nicht mehr.

13 Kompetenzbereich: E ☒ K ☒ F ☒ B ☐
Aufgabentyp: AA ☒ PA ☒ DA ☐

Antibiotika werden wieder aus der Zelle heraustransportiert.
Die Zellwand ist für Antibiotika nicht mehr durchlässig.
Antibiotika werden von speziellen Enzymen unbrauchbar gemacht.
Es entwickeln sich alternative Stoffwechselwege, die von dem Antibiotikum nicht mehr blockiert werden können.
Die Schlüssel-Schloss-Passung an zelleigenen Strukturen (zum Beispiel Ribosomen) verändert sich.

14 Kompetenzbereich: E ☒ K ☒ F ☒ B ☐
Aufgabentyp: AA ☒ PA ☒ DA ☐

Individuelle Schülerantwort
Einige Bakterienzellen besitzen zufälligerweise eine Resistenz gegen ein bestimmtes Antibiotikum. Sie sind in der Gesamtpopulation aber sehr selten. Durch die Einnahme von Antibiotika sinkt die Anzahl der nicht resistenten Bakterienzellen. In Folge verschiebt sich das Mengenverhältnis zwischen resistenten und nicht resistenten Bakterienzellen. Bei Wiederholung kann dies dazu führen, dass die resistenten Bakterienzellen schließlich dominieren.

15 Kompetenzbereich: E ☐ K ☐ F ☒ B ☐
Aufgabentyp: AA ☐ PA ☒ DA ☐

Werden weltweit viele Antibiotika verschrieben nimmt, wie in Aufgabe 14 beschrieben, der Anteil an resistenten Bakterienarten zu.
Hinweis: Seit Jahren beobachten Wissenschaftler zudem mit Sorge die Zunahme an multiresistenten Keimen, die gegen mehrere Antibiotika immun sind.

16 Kompetenzbereich: E ☐ K ☐ F ☒ B ☐
Aufgabentyp: AA ☐ PA ☒ DA ☐

Dies ist sinnvoll, um eine überflüssige Antibiotikaeinnahme zu verhindern.

17 Kompetenzbereich: E ☒ K ☐ F ☒ B ☒
Aufgabentyp: AA ☒ PA ☒ DA ☐

Leichte Erkrankungen kann das Immunsystem in der Regel selbst bekämpfen. Da Antibiotika auch Nebenwirkungen haben können und sich durch die häufige Verschreibung von Antibiotika resistente Stämme bilden können, sollte wenn möglich auf eine Einnahme verzichtet werden.

18 Kompetenzbereich: E ☐ K ☐ F ☒ B ☐
Aufgabentyp: AA ☒ PA ☒ DA ☐

Die Tiere wurden aufgrund des hohen wirtschaftlichen Erfolgszwangs oft auf sehr engem Raum gehalten. Dies förderte die Ausbreitung von Infektionskrankheiten. Unterbunden wurde dies oft mit der präventiven Gabe von Antibiotika mit dem Futter an alle Tiere.

19 Kompetenzbereich: E ☐ K ☒ F ☒ B ☒
Aufgabentyp: AA ☒ PA ☒ DA ☐

Individuelle Schülerantwort
Der Landwirt steht unter wirtschaftlichen Zwang.
Mit Blick auf den Erhalt der Antibiotikaeffizienz wäre eine gezielte Behandlung zu bevorzugen.

▶ Seite 24

1 Kompetenzbereich: E ☐ K ☐ F ☒ B ☐
Aufgabentyp: AA ☐ PA ☒ DA ☒

Individuelle Schülerantwort
Der Gebrauch von Kondomen kann vor der Übertragung von HI-Viren schützen.

2 Kompetenzbereich: E ☒ K ☐ F ☒ B ☐
Aufgabentyp: AA ☐ PA ☒ DA ☒

Durch die Beeinträchtigung des Immunsystems wird ein HIV-Betroffener anfälliger für weitere Infektionskrankheiten.

3 Kompetenzbereich: E ☐ K ☐ F ☒ B ☐
Aufgabentyp: AA ☐ PA ☒ DA ☐

Auch für den Menschen nützliche Bakterien und Pilze werden durch das Immunsystem kontrolliert. Eine übermäßige Vermehrung kann zu Krankheitssymptomen führen.

4 Kompetenzbereich: E ☐ K ☐ F ☒ B ☐
Aufgabentyp: AA ☐ PA ☒ DA ☐

Grippeviren können über die Luft verbreitet werden. HI-Viren dagegen nur über Körperflüssigkeiten.

5 Kompetenzbereich: E ☐ K ☐ F ☒ B ☐
Aufgabentyp: AA ☐ PA ☒ DA ☐

Weil es im Alltag, abgesehen von Sexualkontakten, in der Regel nicht zu einem Austausch von Körperflüssigkeiten kommen kann.

6 Kompetenzbereich: E ☒ K ☒ F ☒ B ☐
Aufgabentyp: AA ☒ PA ☒ DA ☐

A Über kontaminierte Blutkonserven wurden HI-Viren auf Patienten übertragen.
B Heutzutage werden Blutspender vorab auf HIV getestet.

7 Kompetenzbereich: E ☐ K ☐ F ☒ B ☐
Aufgabentyp: AA ☐ PA ☒ DA ☐

Der Einsatz von Kondomen schützt vor eine HIV-Infektion.
Vorsicht bei offenen Wunden etc.

8 Kompetenzbereich: E ☐ K ☐ F ☒ B ☐
Aufgabentyp: AA ☒ PA ☒ DA ☐

Von einer Infektion mit HI-Viren bis zum Auftreten von Krankheitssymptomen können je nach Person zwischen wenigen Monaten bis zu fünfzehn Jahren vergehen. Die Infektion bleibt daher oft unerkannt. Eine Person, die 1990 infiziert wurden, kann somit 10 Jahre lang ungeschützten Sex gehabt und weitere Personen infiziert haben.

9 Kompetenzbereich: E ☐ K ☐ F ☒ B ☒
Aufgabentyp: AA ☒ PA ☒ DA ☐

Individuelle Schülerantwort
Mit Bezug auf Aufgabe 8 ist eine dauerhafte Informationskampagne sinnvoll, da sonst zeitliche Lücken entstehen, in denen die Vorsicht der Bevölkerung nachlässt, was zu neuen Infektionswellen führen kann. Für die jüngere Generation wären Informationen über soziale Medien sicher adressatengerechter.

▶ Seite 26

1 Kompetenzbereich: E ☐ K ☐ F ☒ B ☐
Aufgabentyp: AA ☒ PA ☐ DA ☐

Sofern es sich um Lebewesen handelt: Lebensraum, Nahrung, Möglichkeit der Vermehrung bei passender Temperatur.

2 Kompetenzbereich: E ☐ K ☐ F ☒ B ☐
Aufgabentyp: AA ☒ PA ☐ DA ☐

Plasmodium falciparum: Eukaryotischer Einzeller (ein Malariaerreger)
Kleiner Fuchsbandwurm: Eukaryotischer Vielzeller, Klasse Cestoda
Salmonella typhi: Eubakterium (Prokaryot), Ordnung Enterobacterales (Salmonelloseerrger)
Rubella-Virus: Virus (Rötelnerreger)

3 Kompetenzbereich: E ☐ K ☒ F ☒ B ☐
Aufgabentyp: AA ☒ PA ☐ DA ☐

Individuelle Schülerantwort
Vgl. A2; Mögliche Kriterien: z.B. einzellig / vielzellig, Größe, Letalität bei Infektion, Verbreitung, …

4 Kompetenzbereich: E ☐ K ☐ F ☒ B ☐
Aufgabentyp: AA ☒ PA ☐ DA ☐

- Augenbindehaut
- Nasenschleimhaut/anschließend Bronchien: z.B. Erkältungs- und Grippeviren
- Mundschleimhaut
- Mund/anschließend Magen-Darm-Trakt: Noroviren
- Blutbahn (z.B. durch Verletzungen der Haut oder Bluttransfusionen): z.B. Clostridium tetani
- Genitalschleimhäute: z.B. HI-Virus, alle sexuell übertragbaren Krankheitserreger
- Harntrakt

Der Mensch als Ökosystem

5 Kompetenzbereich: E ☐ K ☐ F ☒ B ☐
Aufgabentyp: AA ☒ PA ☐ DA ☐

z.B. Saurer pH-Wert des Magenschleimhautsekrets, Enzyme des Verdauungstrakts, saurer pH-Wert der Haut (analog Genitalschleimhaut), Konkurrenz mit symbiontischen Mikroorganismen (analog Genitalschleimhaut), Speichelproduktion im Mund, lysozymhaltige Tränenflüssigkeit, schleimproduzierende Flimmerepithelien, …

6 Kompetenzbereich: E ☒ K ☐ F ☒ B ☐
Aufgabentyp: AA ☒ PA ☐ DA ☒

Individuelle Schülerantwort
z.B.: Abwehrzellen erkennen Krankheitserreger nach dem Schlüssel-Schloss-Prinzip an bestimmten Oberflächenstrukturen.

▶ Seite 27

7 Kompetenzbereich: E ☐ K ☒ F ☒ B ☐
Aufgabentyp: AA ☒ PA ☐ DA ☐

3. Schutzbarriere: • weiße Blutkörperchen: Lymphocyten • Antikörper — erworbenes (spezifisches) Immunsystem

2. Schutzbarriere: • weiße Blutkörperchen: Fresszellen • antimikrobielle Moleküle • Entzündungsreaktionen — angeborenes (unspezifisches) Immunsystem

1. Schutzbarriere: • Haut und Schleimhäute • Sekrete von Haut und Schleimhäuten • Salzsäure

Cornelsen/newVision! GmbH, Bernhard A. Peter, Pattensen

8 Kompetenzbereich: E ☐ K ☐ F ☒ B ☐
Aufgabentyp: AA ☒ PA ☐ DA ☐

Unspezifisch: richten sich sofort nicht selektiv gegen alle als körperfremd identifizierbaren Strukturen/Lebewesen.
Spezifisch: Selektiv und zeitverzögert. Abwehrzellen werden zur Bekämpfung genau eines Krankheitserregers gebildet.

9 Kompetenzbereich: E ☐ K ☐ F ☒ B ☐
Aufgabentyp: AA ☒ PA ☐ DA ☐

Energieersparnis und Ressourcenersparnis: Ein großer Teil der körperfremden Lebewesen oder Viren, die den Weg in unseren Körper finden, können bereits durch die angeborene Abwehr unschädlich gemacht werden, ohne Bildung der Zellen der spezifischen Abwehr und Antikörper.

10 Kompetenzbereich: E ☒ K ☐ F ☒ B ☐
Aufgabentyp: AA ☒ PA ☐ DA ☐

Die Informationen zur Bekämpfung von Krankheitserregern werden nicht in Form von Veränderungen der DNA in den Zellen gespeichert. Darüber hinaus müsste diese veränderte Information den Zellen der Keimbahn zugänglich gemacht werden.
Hypothese: *Individuelle Schülerantwort*, z.B. die Menge der genetischen Information müsste von Generation zu Generation zunehmen, …

11 Kompetenzbereich: E ☒ K ☐ F ☒ B ☐
Aufgabentyp: AA ☒ PA ☒ DA ☐

a) Angeborene Abwehr, da „Täter" bereits bekannt
b) Angeborene Abwehr, da noch recht unspezifisch
c) Angeborene Abwehr, da sehr unspezifisch
d) Erworbene Abwehr, da ein neuer „Täter" mit seinen einzigartigen Fingerabdrücken, …, gespeichert wird.

12 Kompetenzbereich: E ☒ K ☐ F ☒ B ☐
Aufgabentyp: AA ☒ PA ☐ DA ☐

Individuelle Schülerantwort
z.B.
- Erreger, die vom Tier auf Menschen übertragen werden, können immer wieder neue Infektionsketten starten (z.B. Ebolaerreger, Grippeviren, …)
- Ausreichend lange Inkubationszeit (dadurch schnell weite Verbreitung)
- Effektiver Übertragungsweg (z.B. Tröpfcheninfektion)
- Hohe Mutationsrate, …

▶ Seite 28

1 Kompetenzbereich: E ☐ K ☐ F ☒ B ☐
Aufgabentyp: AA ☒ PA ☐ DA ☐

1. Freie Nervenendigungen: Temperatur-/Schmerzrezeptoren
2. Talgdrüse
3. Hornschicht
4. Äußere Hautschicht (Epidermis)
5. Innere Hautschicht: Lederhaut und Subcutis (Fettgewebe)

2 Kompetenzbereich: E ☒ K ☐ F ☒ B ☐
Aufgabentyp: AA ☒ PA ☐ DA ☐

Individuelle Schülerantwort

3 Kompetenzbereich: E ☐ K ☐ F ☒ B ☐
Aufgabentyp: AA ☒ PA ☒ DA ☐

Häufiges Duschen mit Einsatz von Duschgel und kräftigem „Trockenrubbeln" haben negativen Einfluss auf das Mikrobiom der Haut und führen zu trockener Haut:

- Ein schwach saurer pH-Wert erschwert es vielen Mikroorganismen, die nicht Teil des natürlichen Mikrobioms sind, die Vermehrung. Dies gilt im Besonderen für den Genitalbereich.
- Die Talgproduktion hält die Haut geschmeidig. Trockene Haut kann leichter einreißen.
- Mikroorganismen des Mikrobioms der Haut sind an ihren Lebensraum angepasst und erschweren es so „Neuankömmlingen" sich effektiv zu vermehren (Konkurrenz).

4 Kompetenzbereich: E ☐ K ☐ F ☒ B ☐
Aufgabentyp: AA ☒ PA ☐ DA ☐

Im produzierten Schleim bleiben die potenziellen Krankheitserreger hängen und werden durch die Arbeit der Flimmerhärchen abtransportiert. Der Schleim wird entweder abgehustet oder verschluckt (Abtötung durch sauren und enzymhaltigen Magensaft).

5 Kompetenzbereich: E ☐ K ☐ F ☒ B ☐
Aufgabentyp: AA ☒ PA ☒ DA ☐

Für Profis: Die natürliche Haut-, Mund- und Darmflora bildet bei einem gesunden Menschen eine stabile Biozönose. Krankheitserreger, die sich hier ansiedeln wollen, finden daher keine offene ökologische Nische. Sie werden von den natürlich vorkommenden Mikroorganismen verdrängt bzw. in ihrer Vermehrung behindert.

▶ Seite 29

6 Kompetenzbereich: E ☐ K ☐ F ☒ B ☐
Aufgabentyp: AA ☒ PA ☐ DA ☒

1. Rezeptormolekül
2. Antigen
3. Abwehrzelle
4. Körperzelle
5. Bakterienzelle
6. Virus

7 Kompetenzbereich: E ☐ K ☐ F ☒ B ☐
Aufgabentyp: AA ☒ PA ☐ DA ☐

Schlüssel-Schloss-Prinzip: Räumlich zueinander passenden (komplementäre) Strukturen binden aneinander und erfüllen eine biochemische Funktion (z.B. Veränderung der Ionenpermeabilität durch eine Membran, Auslösung einer Signalkette, enzymatischer Auf-, Ab-, Umbau von Molekülen, …).

8 Kompetenzbereich: E ☐ K ☐ F ☒ B ☐
Aufgabentyp: AA ☒ PA ☒ DA ☐

Das Blut im Infektionsbereich fließt langsamer, der Blutdruck nimmt zu und Blutplasma tritt aus den Kapillaren aus. Die Stoffwechselintensität im Infektionsbereich nimmt zu. Bestimmte Typen weißer Blutkörperchen verlassen die Blutgefäße und töten die Erreger ab. Dabei entsteht Eiter, eine Flüssigkeit, die das entstehende Gemisch aus Blut-, Zell- und Bakterienresten nach außen transportiert.

9 Kompetenzbereich: E ☒ K ☐ F ☒ B ☐
Aufgabentyp: AA ☒ PA ☐ DA ☐

Individuelle Schülerantwort
z.B. Ausschüttung von bestimmten Molekülen in die Umgebung („Lockstoffe")

▶ Seite 30

1 Kompetenzbereich: E ☐ K ☐ F ☒ B ☐
Aufgabentyp: AA ☒ PA ☐ DA ☐

Mandeln sind lymphatische Organe im Bereich der Mundhöhle und des Rachens und dienen der Abwehr von Krankheitserregern, die über den Mund und die Nase eindringen (z.B. die Erreger einer Erkältung). Sie enthalten Lymphknoten, in denen sich die Abwehrzellen der spezifischen Abwehr vermehren. Bei starkem Kontakt mit Krankheitserregern werden sehr viele Abwehrzellen gebildet und die Mandeln schwellen an, wodurch es zu einer Spannung der Mandeln kommen kann. Oft treten dann heftige Schmerzen auf, wie sie für eine Mandelentzündung typisch sind.

2 Kompetenzbereich: E ☐ K ☐ F ☒ B ☐
Aufgabentyp: AA ☒ PA ☐ DA ☐

Individuelle Schülerantwort
z.B. durch gute Tarnung, hohe Anzahl an Krankheitserregern beim Eindringen, …

3 Kompetenzbereich: E ☐ K ☒ F ☒ B ☐
Aufgabentyp: AA ☒ PA ☒ DA ☐

linke Zelle: 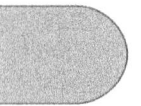   rechte Zelle:

Cornelsen/newVision! GmbH, Bernhard A. Peter, Pattensen

4 Kompetenzbereich: E ☒ K ☐ F ☒ B ☐
Aufgabentyp: AA ☒ PA ☒ DA ☒

Fresszellen – Multifunktionswerkzeug: Mit einem Multifunktionswerkzeug können verschiedene Arbeiten verrichtet werden (sägen, schrauben, Flaschen öffnen, …). Fresszellen können vereinfacht gesehen verschiedene Krankheitserreger erkennen und unschädlich machen, d.h. der Grundvorgang ist im Gegensatz zum Multifunktionswerkzeug immer der gleiche. Allerdings ist die Antigenerkennung der Makrophagenrezeptoren deutlich unspezifischer im Vergleich zu den B-Zellen.

Der Mensch als Ökosystem

B-Zellen – ein Satz Präzisionswerkzeuge: Beim Satz Präzisionswerkzeuge (Schraubenzieher) passt nur ein bestimmter Schraubenzieher perfekt zu einer bestimmten Schraube. Dies entspricht recht gut der Bindung eines bestimmten Antigens an ein Rezeptormolekül eines Typs B-Zelle. Allerdings wird man auch mit einem nicht perfekt passenden Schraubenzieher beim Einschrauben einer Schraube erfolgreich sein, wohingegen die Antigen-Rezeptormolekül-Bindung deutlich spezifischer ist (Schlüssel-Schloss-Prinzip).

▶ **Seite 31**

5	Kompetenzbereich:	E ☐	K ☐	F ☒	B ☐
	Aufgabentyp:	AA ☒	PA ☐	DA ☐	

Der konstante Anteil sorgt für die grundsätzliche Eignung der Antikörper Krankheitserreger zu größeren Aggregaten zu binden. Der variable Anteil stellt ein spezifisches Rezeptormolekül dar, das ein bestimmtes Antigen eines Krankheitserregers hochspezifisch binden kann.

6	Kompetenzbereich:	E ☐	K ☒	F ☒	B ☐
	Aufgabentyp:	AA ☒	PA ☒	DA ☐	

A 1 B-Zelle, 2 T-Killerzelle, 3 T-Helfer-Gedächtniszelle, 4 Fresszelle, 5 infizierte Körperzelle, 6 Antikörper, 7 B-Gedächtniszelle, 8 T-Helferzelle, 9 Krankheitserreger.
B 10 Teilen sich, 11 präsentieren Antigene, 12 töten bzw. vernichten/verdauen, 13 Umwandlung, 14 Produzieren, 15 Aktivieren, 16, Verklumpen
C *Individuelle Schülerantwort*

7	Kompetenzbereich:	E ☐	K ☐	F ☒	B ☐
	Aufgabentyp:	AA ☒	PA ☐	DA ☐	

A
Viren: intrazellulär, v.a. Kaperung des Proteinbiosyntheseapparats der befallenen Zelle
Bakterien: extrazellulär durch einfache Zellteilung
B
Antikörper können nur solche Erreger bekämpfen, die sich in Blut oder Lymphe befinden, sie können nicht in Zellen eindringen. Viren befinden sich aufgrund ihres Vermehrungszyklus die meiste Zeit in ihren Wirtszellen und halten sich nur nach dem Eindringen in den Körper sowie nach der Bildung neuer Viren außerhalb der Wirtszelle auf.

▶ **Seite 32**

1–2	Kompetenzbereich:	E ☐	K ☒	F ☒	B ☐
	Aufgabentyp:	AA ☒	PA ☐	DA ☐	

Die Abbildung stellt die Antikörperkonzentration der primären Immunantwort im zeitlichen Verlauf dar. In den ersten vier Tagen nach dem ersten Kontakt mit dem Antigen (primäre Immunantwort) sind noch keine Antikörper nachweisbar. Nach etwa 4 Tagen steigt die Antikörperkonzentration stark an und erreicht nach ca. 10 Tagen ihr Maximum (Zellen der sekundären Immunantwort werden aktiviert, teilen sich und es werden immer mehr Antikörper produziert). Mit zunehmend erfolgreicher Bekämpfung der Krankheitserreger sinkt die Antikörperzahl, die Immunreaktion wird zurückgefahren. Allerdings bleibt die Anzahl der Antikörper auf einem höheren Niveau im Vergleich zu den ersten vier Tagen. Gedächtniszellen jeden Typs werden gebildet.

3	Kompetenzbereich:	E ☐	K ☒	F ☒	B ☐
	Aufgabentyp:	AA ☒	PA ☒	DA ☐	

A/B
T-Helferzellen nehmen eine zentrale Rolle in der spezifischen Immunantwort ein (Aktivierung von T-Killerzellen und B-Zellen). Sinkt deren Zahl im Laufe einer HIV-Infektion, fällt die Immunantwort zunehmend schwächer aus und ansonsten unproblematische Infektionen werden zur Lebensgefahr, da die Ausbreitung der Krankheitserreger nicht in ausreichendem Maße eingedämmt würde. Die Kurve in Abbildung 1 würde deutlich flacher verlaufen und das Maximum der Antikörperkonzentration zeitlich nach hinten verschoben sein.

4	Kompetenzbereich:	E ☒	K ☒	F ☒	B ☐
	Aufgabentyp:	AA ☒	PA ☒	DA ☐	

Nach Zweitkontakt: Praktisch sofortiger höherer Anstieg. Das Maximum ist ca. dreimal so hoch und wird bereits nach 10 Tagen erreicht. Die Antikörperkonzentration bleibt insgesamt länger auf einem hohen Niveau.

5	Kompetenzbereich:	E ☐	K ☐	F ☒	B ☐
	Aufgabentyp:	AA ☒	PA ☐	DA ☐	

Durch vermehrte Cortisolausschüttung wird das Immunsystem zunehmend gehemmt und Entzündungsreaktionen werden unterdrückt. Die Zahl der Immunzellen im Blut sinkt, die T-Killerzellen sind weniger aktiv und die T-Lymphozyten teilen sich insgesamt langsamer.
Mit zunehmendem Alter ist es natürlich, dass die Immunfunktionen abnehmen. Dies hat Auswirkungen auf die Aktivierung und Neubildung von T- und B-Lymphozyten. Die B-Lymphozyten bilden auch insgesamt weniger Antikörper im Vergleich zu jüngeren Individuen. Ursache ist hier v.a. die zunehmende Verdrängung von blutbildendem Knochenmarkgewebe durch Fettgewebe.

6	Kompetenzbereich:	E ☐	K ☐	F ☒	B ☐
	Aufgabentyp:	AA ☒	PA ☐	DA ☐	

Durch zu trockene Schleimhäute können Krankheitserreger nicht mehr in ausreichender kurzer Zeit abtransportiert oder inaktiviert werden. Damit steigt die Wahrscheinlichkeit für das Eindringen der Krankheitserreger und damit die Wahrscheinlichkeit für eine Infektion.

▶ **Seite 33**

1	Kompetenzbereich:	E ☐	K ☐	F ☒	B ☐
	Aufgabentyp:	AA ☒	PA ☐	DA ☐	

Individuelle Schülerantwort

2	Kompetenzbereich:	E ☒	K ☐	F ☒	B ☐
	Aufgabentyp:	AA ☒	PA ☐	DA ☐	

Aus heutiger Sicht ist sein Vorgehen äußerst kritisch zu betrachten. Es handelte sich um einen Versuch am Menschen mit ungewissem Ausgang und damit hat Jenner den möglichen Tod des Probanden wissentlich in Kauf genommen. Dies Handeln ist aus heutiger Sicht undenkbar und vollkommen verantwortungslos.

3	Kompetenzbereich:	E ☒	K ☐	F ☒	B ☒
	Aufgabentyp:	AA ☒	PA ☐	DA ☐	

Keines der Gütekriterien für wissenschaftliche Untersuchungen wurde erfüllt: Validität, Reliabilität (Reproduzierbarkeit), Objektivität. In klinischen Studien zur Zulassung von Medikamenten oder Impfstoffen kommen in der Regel abhängig von der Phase bis zu mehreren Tausend Probanden zum Einsatz. Aus medizinisch-ethischer Sicht sind Versuche am Menschen, insbesondere Kindern und zudem ohne genaue Kenntnis der Vorgänge vollkommen undenkbar.

4	Kompetenzbereich:	E ☐	K ☐	F ☒	B ☐
	Aufgabentyp:	AA ☒	PA ☒	DA ☐	

Durch die strukturelle Ähnlichkeit von Kuh- und Humanpockenviren entspricht die Exposition mit dem Kuhpockenvirus einer Erstinfektion und die Infektion mit Humanpocken einer Zweitinfektion (vgl. Buch S. 32)

5	Kompetenzbereich:	E ☐	K ☐	F ☒	B ☒
	Aufgabentyp:	AA ☒	PA ☐	DA ☐	

Individuelle Schülerantwort

▶ **Seite 34**

6	Kompetenzbereich:	E ☐	K ☐	F ☒	B ☐
	Aufgabentyp:	AA ☒	PA ☐	DA ☐	

A
Siehe Legende; nicht abgebildet sind: T-Helferzellen, T-Killerzellen, B-Zellen, Plasmazellen.

B
Einem Gesunden werden abgeschwächte oder abgetötete Krankheitserreger geimpft → B-Zellen differenzieren sich zu Plasmazellen und bilden Antikörper gegen das Antigen → Die Antikörper vernetzen und verklumpen die Erreger → Es entstehen Gedächtniszellen

Bei einer Infektion mit demselben Krankheitserreger → Langlebige Gedächtniszellen bilden in kurzer Zeit große Mengen passender Antikörper und der Erreger wird unschädlich gemacht → die Krankheit bricht nicht aus

7	Kompetenzbereich:	E ☐	K ☐	F ☒	B ☐
	Aufgabentyp:	AA ☒	PA ☒	DA ☐	

Die durch aktive Immunisierung ausgelöste Bildung von Antikörpern und langlebigen Gedächtniszellen erfolgt erst nach einigen Tagen. Zum Zeitpunkt der diagnostizierten Infektion hat sich der Erreger bereits im Körper vermehrt und das Immunsystem hat schon seine Arbeit aufgenommen. Eine aktive Immunisierung würde also keinen Effekt haben.

8	Kompetenzbereich:	E ☐	K ☐	F ☒	B ☐
	Aufgabentyp:	AA ☒	PA ☐	DA ☐	

A Antikörper sind Proteinrezeptoren, die Erreger anhand ihrer spezifischen Oberflächenstruktur (Antigene) erkennen. Daher genügen für eine Immunisierung bereits Bruchstücke/Teile des Erregers, die mit Antigenen besetzt sind.

B Bei einer Impfung werden abgestorbene Erreger bzw. Bestandteile von diesen oder abgeschwächte Erreger verabreicht. Die Schadwirkung dieser Erreger oder ihrer Bestandteile ist sehr gering bzw. nicht vorhanden. Die mitunter auftretenden Impfreaktionen sind meist nur ein Zeichen für die Aktivität des Immunsystems.

9	Kompetenzbereich:	E ☐	K ☒	F ☒	B ☐
	Aufgabentyp:	AA ☒	PA ☒	DA ☐	

Im zweiten Jahr sind noch zwei von drei Antigenen auf den Erregern identisch mit denen des ersten Jahres, das dritte zumindest ähnlich. Der ursprüngliche Impfstoff sollte also eine ausreichende Immunisierung gewährleisten. Erst im dritten Jahr ist eine Anpassung des Impfstoffs notwendig, da keines der Antigene vollkommen identisch mit den Antigenen auf den Erregern des ersten Jahres ist. Die Immunisierung mithilfe des alten Impfstoffs hätte keine oder eine stark herabgesetzte Schutzwirkung.

Der Mensch als Ökosystem

▶ Seite 35

1 Kompetenzbereich: E ☐ K ☐ F ☒ B ☐
Aufgabentyp: AA ☒ PA ☐ DA ☐

A
Der „Wirkstoff" sind Antikörper gegen den Diphterie-Erreger.

B
Passive Immunisierung: Einem gesunden Tier werden (wiederholt) abgeschwächte Krankheitserreger gespritzt. Daraufhin bildet das Immunsystem des Tiers während der eigenen spezifischen Abwehr die passenden Antikörper. Dem Tier wird Blut entnommen und das antikörperhaltige Blutserum abgetrennt und gereinigt. Das so gewonnene Heilserum (Impfstoff) wird Erkrankten geimpft, so dass ihnen sofort eine große Menge passender Antikörper zur Verfügung stehen, die die Erreger unschädlich machen.

2 Kompetenzbereich: E ☐ K ☐ F ☒ B ☐
Aufgabentyp: AA ☒ PA ☐ DA ☐

Durch die Behandlung mit dem Impfstoff werden die körperfremden Zellen (Antigene) vom Immunsystem erkannt und es werden Antikörper gegen diese gebildet. Bei einer zweiten passiven Impfung mit dem Impfstoff, das aus dem gleichen Tier gewonnen wurde, würde es zu einer starken Immunantwort gegen diese Antigene kommen: Die Antikörper verklumpen die körperfremden Antigene im Blut und infolgedessen können schwere schockartige Reaktionen auftreten. Daher muss bei einer zweiten passiven Immunisierung der Impfstoff von einem anderen Tier stammen.

3 Kompetenzbereich: E ☐ K ☐ F ☒ B ☐
Aufgabentyp: AA ☒ PA ☐ DA ☐

Bei der angesprochenen Methode muss nicht mehr das gesamte Blut des Tieres aufgereinigt werden, sondern „nur" noch die Antikörper von den B-Zellen getrennt werden. Deshalb ist die Wahrscheinlichkeit für eine Verunreinigung mit unerwünschten Antigenen deutlich kleiner und damit auch die Wahrscheinlichkeit für unerwünschte Nebenreaktionen.

4 Kompetenzbereich: E ☐ K ☐ F ☒ B ☐
Aufgabentyp: AA ☒ PA ☐ DA ☐

Schutzimpfung: Man ist bei Kontakt mit dem Krankheitserreger, gegen den man im Vorfeld geimpft/immunisiert wurde, geschützt. Es erfolgt keine Infektion.
Heilimpfung: Es besteht die Möglichkeit einer Infektion oder man ist bereits infiziert mit dem Krankheitserreger. Die Krankheit kann auch schon ausgebrochen sein. Die Gabe eines passiven Impfstoffs kann zur Genesung des Patienten führen.

5 Kompetenzbereich: E ☐ K ☒ F ☒ B ☐
Aufgabentyp: AA ☒ PA ☒ DA ☐

	Aktive Immunisierung	Passive Immunisierung
Gesundheitszustand	gesund	Krank oder es besteht der dringende Verdacht einer Infektion
Zusammensetzung des Impfstoffs	Bruchstücke des Erregers, abgeschwächte oder tote Erreger	Antikörper
Einsetzen der Antigen-Antikörper-Reaktion	Bis zu einigen Tagen nach der Impfung, bis das spezifische Immunsystem Antikörper gebildet hat	sofort
Gedächtniszellbildung	ja	nein

6 Kompetenzbereich: E ☐ K ☐ F ☒ B ☐
Aufgabentyp: AA ☒ PA ☒ DA ☐

Für Profis: Nach einer passiven Immunisierung ist eine Erkrankung mit Tetanus weiterhin möglich. Der Grund dafür liegt darin, dass bei der passiven Immunisierung Antikörper gegen den Erreger gespritzt wurden, die diesen unschädlich machten. Da der Körper die Krankheit nicht selbst überstanden hat und keine Schutzimpfung erfolgte, wurden auch keine oder nur wenige Gedächtniszellen vom Immunsystem gebildet, die den Erreger bei einer erneuten Infektion schnell erkennen und bekämpfen können.

▶ Seite 36

1 Kompetenzbereich: E ☐ K ☐ F ☒ B ☐
Aufgabentyp: AA ☒ PA ☐ DA ☐

Individuelle Schülerantwort
Mögliche Aspekte:
- Mangelnde Aufklärung über die Notwendigkeit und Vorteile von Impfungen
- Fehlendes Bewusstsein für das Gefahrenpotential von Infektionskrankheiten
- Fehlerhafte Informationen bzw. Desinformation über mögliche Impfreaktionen und Impfschäden
- Persönliche Bequemlichkeit, …

2 Kompetenzbereich: E ☒ K ☒ F ☒ B ☐
Aufgabentyp: AA ☒ PA ☐ DA ☐

Individuelle Schülerantwort

3	Kompetenzbereich:	E ☐	K ☐	F ☒	B ☐
	Aufgabentyp:	AA ☒	PA ☐	DA ☐	

In den Impfpass wird eingetragen, welche Impfungen ein Patient erhalten hat. Er gibt Auskunft bei Erkrankungen, ob bestimmte Krankheitserreger ausgeschlossen werden können. Zudem sind die Termine für eventuelle Auffrischungsimpfungen erkennbar. Häufungen von verschiedenen Impfungen können darüber hinaus vermieden werden.

4	Kompetenzbereich:	E ☐	K ☒	F ☐	B ☐
	Aufgabentyp:	AA ☒	PA ☐	DA ☐	

Individuelle Schülerantwort

5	Kompetenzbereich:	E ☒	K ☐	F ☒	B ☒
	Aufgabentyp:	AA ☒	PA ☐	DA ☐	

Individuelle Schülerantwort
Die Aufgabe kann auch zusammen mit Aufgabe 8 auf Seite 37 des Schülerbuchs bearbeitet werden.

6	Kompetenzbereich:	E ☐	K ☐	F ☒	B ☒
	Aufgabentyp:	AA ☒	PA ☐	DA ☐	

Individuelle Schülerantwort
Die Aufgabe kann auch zusammen mit Aufgabe 8 auf Seite 37 des Schülerbuchs bearbeitet werden.
Argumente für die Einführung einer Impfverpflichtung:
Die bisherigen Maßnahmen zur Steigerung der Impfquoten haben noch nicht dazu geführt, dass sich ausreichend viele Menschen in Deutschland gegen Masern impfen haben lassen. Es gibt immer noch Impflücken, sodass jährlich weiterhin mehrere Hundert bis wenige Tausend Menschen in Deutschland an Masern erkranken. Deshalb erscheint es sinnvoll, Bereiche des öffentlichen Lebens mit hoher Anzahl an täglichen Kontakten besonders zu schützen. Die Elimination der Masern ist möglich, wenn ca. 95 Prozent der Bevölkerung gegen Masern geschützt sind.

▶ Seite 37

7	Kompetenzbereich:	E ☐	K ☐	F ☒	B ☐
	Aufgabentyp:	AA ☒	PA ☐	DA ☐	

Die Immunantwort nach einer Impfung verläuft in gleicher Art und Weise wie nach einer Infektion mit dem Erreger. Entzündungsreaktionen, Fieber, Schwellungen lymphatischer Organe etc. können in Einzelfällen fast so stark ausfallen, wie bei einer Infektion mit dem Erreger, allerdings ohne die gleichen möglichen schwerwiegenden Folgen, die sich aus der Vermehrung der Erreger in unserem Körper einstellen.

8	Kompetenzbereich:	E ☐	K ☐	F ☒	B ☒
	Aufgabentyp:	AA ☒	PA ☐	DA ☐	

A Die genannten Argumente sind eine Auswahl von folgender Internetseite des RKI:
https://www.rki.de/DE/Content/Infekt/Impfen/Bedeutung/Schutzimpfungen_20_Einwaende.html (Stand 11.10.2022)
Die Bewertung des RKI ist jeder Aussage beigefügt.
B *Individuelle Schülerantwort*
C *Individuelle Schülerantwort*
Die Werte, die insgesamt am häufigsten genannt werden dürften: Gesundheit, Verantwortung, Leben, Sicherheit, Leidminderung, Gesellschaft, Gemeinwohl.

▶ Seite 38

1	Kompetenzbereich:	E ☐	K ☐	F ☒	B ☐
	Aufgabentyp:	AA ☒	PA ☐	DA ☐	

individuelle Schülerantwort

2	Kompetenzbereich:	E ☒	K ☒	F ☐	B ☐
	Aufgabentyp:	AA ☒	PA ☐	DA ☐	

Individuelle Schülerantwort
Mögliche Gründe:
- Allgemeine Veränderungen der Umwelt (z.B. Luftverschmutzung)
- Veränderte Essgewohnheiten
- Längerer Pollenflug durch Klimaänderung
- Ausgeprägte Hygiene
- Rückgang der Häufigkeit bestimmter Krankheiten, …

3	Kompetenzbereich:	E ☐	K ☐	F ☒	B ☐
	Aufgabentyp:	AA ☒	PA ☐	DA ☐	

Kontaktallergie: Bei einer Kontaktallergie reagiert das Immunsystem überempfindlich auf manchmal nur sehr kleine Mengen bestimmter Stoffe, die gar nicht aggressiv sein müssen, z.B. ein Metall, Duftstoffe oder Latex. Eine Kontaktallergie kann zu starken Hautreaktionen führen. Im Gegensatz zu vielen anderen Allergien sind die Beschwerden nicht sofort, sondern meist erst nach 1 bis 3 Tagen spürbar. Eine Kontaktallergie entwickelt sich zudem über längere Zeit, in der man immer wieder mit dem auslösenden Stoff in Berührung kommt.
Neurodermitis: Neurodermitis ist eine chronische, nicht ansteckende Hauterkrankung. Typische Anzeichen sind Hautausschlag und starkes Jucken. Neurodermitis tritt häufig bei Kindern auf. Oft bessert sie sich mit den Jahren und verschwindet zeitweise oder sogar ganz. Eine Neurodermitis kann die Lebensqualität erheblich beeinträchtigen. Vor allem der Juckreiz kann belastend sein, den Schlaf und die Konzentrationsfähigkeit stören. Durch eine gute Hautpflege, Medikamente und das Vermeiden von Auslösern lässt sich die Erkrankung meist in den Griff bekommen.

Der Mensch als Ökosystem

4	Kompetenzbereich: E ☐ K ☐ F ☒ B ☐
	Aufgabentyp: AA ☒ PA ☐ DA ☐

Individuelle Schülerantwort
Allergene können nach verschiedenen Gesichtspunkten eingeteilt werden:
- Art des Kontakts mit Allergenen (z. B. Inhalationsallergene, Nahrungsmittelallergene)
- Allergenquelle (z. B. Allergene aus Tieroberflächen, Pollenallergene, Schimmelpilzallergene)
- Wirkung im Körper, ...

5	Kompetenzbereich: E ☐ K ☐ F ☒ B ☐
	Aufgabentyp: AA ☒ PA ☐ DA ☐

Individuelle Schülerleistung

▶ Seite 39

6	Kompetenzbereich: E ☐ K ☐ F ☒ B ☐
	Aufgabentyp: AA ☒ PA ☒ DA ☐

Beim ersten Kontakt mit dem Pollenantigen erfolgt zunächst eine Sensibilisierung. Durch die Immunantwort entstehen spezifische Antikörper gegen die Antikörper gegen die Antigene, die die Oberfläche von Mastzellen besetzen. Normalerweise bleibt dies ohne Folgen. Kommt eine sensibilisierte Mastzelle mit dem Allergen erneut in Kontakt, setzt sie große Mengen Histamin frei. Dies ruft die typische allergische Reaktion hervor: Erweiterung der Blutgefäße, Juckreiz, Schleimfluss, ...

7	Kompetenzbereich: E ☒ K ☐ F ☒ B ☐
	Aufgabentyp: AA ☒ PA ☐ DA ☐

Mit Pollenflugkalendern und tagesaktuellen Flugdaten kann die Belastung der Umgebung des Allergikers mit Allergenen abgeschätzt werden. Neben langfristigen Maßnahmen, wie der Hyposensibilisierung, kann bei hoher Allergenbelastung darauf geachtet werden, dass man sich möglichst wenig im Freien aufhält, die Fenster geschlossen hält und Außenaktivitäten falls möglich verschiebt.

8	Kompetenzbereich: E ☒ K ☐ F ☒ B ☐
	Aufgabentyp: AA ☒ PA ☐ DA ☐

Individuelle Schülerantwort
Der anaphylaktische Schock stellt die schwerste Form einer Überempfindlichkeitsreaktion dar. Die enorme Freisetzung von Histamin führt zur Gefäßerweiterung und damit verbundenem Blutdruckabfall, die Transportleistung des Herzens nimmt ab und die Bronchien können sich verengen. Unbehandelt kann dies zum Tode führen.
Adrenalin: Das Hormon Adrenalin wird unter Stress oder in Angstsituationen ausgeschüttet und versetzt den menschlichen Organismus innerhalb von Sekunden in Alarmbereitschaft. Der Herzschlag wird beschleunigt, Puls und Blutdruck erhöhen sich und die Bronchien erweitern sich. Insgesamt wird dadurch die Sauerstoffversorgung des Körpers verbessert.
Antihistaminikum: Antagonist des Histamins und hebt dadurch die Wirkung des Histamins auf.
Cortison (besser: Cortisol): Es mobilisiert Energiereserven und bewirkt den Abbau von Eiweiß. Dadurch kommt es zur Blutzuckersteigerung und zur Fettfreisetzung. Cortison sichert die Herzkreislauffunktion und steuert den Wasserelektrolythaushalt. Die Zellteilung wird verlangsamt und allgemein werden immunologische und allergische Prozesse unterdrückt.

9	Kompetenzbereich: E ☐ K ☐ F ☒ B ☐
	Aufgabentyp: AA ☒ PA ☐ DA ☐

Allergene können in besonders schweren Fällen bereits in kleinsten Mengen einen anaphylaktischen Schock auslösen.

10	Kompetenzbereich: E ☐ K ☐ F ☒ B ☐
	Aufgabentyp: AA ☒ PA ☐ DA ☐

Beim Prick-Test werden in Tropfenform standardisierte Allergenlösungen auf die Haut aufgebracht, meist auf die Innenseite des Unterarms. Die Lösungen werden durch einen oberflächlichen Stich mit einer Nadel durch die Epidermis in die Lederhaut eingebracht. Dabei wird die Nadel bei jedem Allergen gewechselt. Nach etwa einer Viertelstunde können Hautreaktionen gemessen und mit den Reaktionen auf die Positiv- (Histamin) und Negativprobe (NaCl-Lsg.) verglichen werden, die mit dem Test üblicherweise mitlaufen. Rötung, Juckreiz und Quaddelbildung innerhalb von 5 bis 60 Minuten weisen auf eine mögliche Allergie gegen das in der Testlösung enthaltene Allergen hin. Die Stärke der Reaktion kann man halbquantitativ bewerten.

11	Kompetenzbereich: E ☒ K ☐ F ☐ B ☐
	Aufgabentyp: AA ☒ PA ☐ DA ☐

Individuelle Schülerantwort
Die gängigsten Methoden:
Allergene meiden, Medikamente, Hyposensibilisierung („Gewöhnung" des Körpers an das Allergen vor der eigentlichen intensiven Exposition).

▶ Seite 41

1	Kompetenzbereich: E ☒ K ☐ F ☐ B ☐
	Aufgabentyp: AA ☒ PA ☐ DA ☐

Individuelle Schülerantwort

2 Kompetenzbereich: E ☒ K ☐ F ☒ B ☐
Aufgabentyp: AA ☒ PA ☐ DA ☐

Maßnahmen, wie regelmäßiges Lüften in geschlossenen Räumen, Hygiene, Abstand halten, … sollen die Wahrscheinlichkeit für eine Infektion senken.
Maskenpflicht: Die Übertragung des Virus erfolgt über Aerosole/Tröpfchen. Mit einer passenden Maske kann die Übertragung über die Luft verhindert werden.
Lockdowns: Je weniger Kontakte man zu anderen Personen hat, desto geringer ist die Wahrscheinlichkeit sich selbst zu infizieren bzw. andere bei eigener Infektion/Erkrankung zu infizieren.
Impfungen: Die ersten entwickelten Impfstoffe schützen in zunehmendem Maße weniger gut vor einer Infektion, sind aber nach wie vor gut wirksam bezüglich der Wahrscheinlichkeit schwer zu erkranken, bzw. das Virus weiterzugeben (zumindest in gewissem Umfang).

3 Kompetenzbereich: E ☐ K ☒ F ☒ B ☐
Aufgabentyp: AA ☒ PA ☐ DA ☐

Individuelle Schülerantwort
Eine im Juni 2022 veröffentlichte Studie bewertete – soweit möglich - die bisherigen Maßnahmen im Hinblick auf ihre Wirksamkeit bezüglich der Ausbreitung des Virus.
Abgesehen von medizinischen Maßnahmen wie Impfungen halfen gegen die Verbreitung des Coronavirus Informationskampagnen und Schulschließungen. Hingegen brachte das Tragen von Stoffmasken keinen statistisch messbaren Erfolg.
Die tatsächliche Wirksamkeit einzelner Faktoren ist aufgrund zu vieler Variablen nur schwer abzuschätzen:
- Jahreszeitliche Schwankungen: Bei höheren Temperaturen halten sich Menschen mit höherer Wahrscheinlichkeit im Freien auf, die Infektionsgefahr ist jedoch geringer.
- Masken: Abhängig von der Art der Maske. Eine ordentlich getragene FFP2-Maske bietet sehr guten Schutz, Stoffmasken praktisch keinen.
- Impfungen: Aufgrund von neu auftretenden Virusvarianten zunehmende schwächer werdende Schutzwirkung, …

4 Kompetenzbereich: E ☒ K ☐ F ☐ B ☐
Aufgabentyp: AA ☒ PA ☒ DA ☐

Individuelle Schülerantwort
Die Antworten sollten die Fachbegriffe Mutation, Selektion bzw. Selektionsfaktoren enthalten.

5 Kompetenzbereich: E ☒ K ☐ F ☒ B ☐
Aufgabentyp: AA ☒ PA ☐ DA ☐

A *Individuelle Schülerantwort*
z.B. bessere Tarnung der Viren, sehr viele neue, durch Mutation entstandene Antigene, die die Antikörper weniger gut binden können und die zellvermittelte Abwehr schlechter erkennt.

B Die Antikörperkonzentration im Blut geimpfter Personen nahm schneller ab als zunächst erwartet. Zudem können die Antikörper nur Viren der alpha-Variante in ausreichend Maße spezifisch binden. Allerdings zeigte sich, dass die bei Viruserkrankungen besonders wichtige zellvermittelte Abwehr nach wie eine ausreichende Leistung in der Bekämpfung der neuen Variante zeigt, die eine Erkrankung nicht verhindern kann, aber die Wahrscheinlichkeit für einen schweren Verlauf deutlich senkt. Deshalb wurde weiterhin die Auffrischung mit dem „alten" Impfstoff empfohlen.

6 Kompetenzbereich: E ☒ K ☐ F ☐ B ☐
Aufgabentyp: AA ☒ PA ☐ DA ☐

Bis zur Zulassung eines Impfstoffs vergehen normalerweise 15-20 Jahre, d.h. von der Entwicklung, über die Bestätigung von Wirksamkeit und Unbedenklichkeit (abgesehen von Nebenwirkungen), die in Tierversuchen und mehreren Stufen klinischer Studien nachgewiesen werden müssen.

7 Kompetenzbereich: E ☒ K ☐ F ☐ B ☐
Aufgabentyp: AA ☒ PA ☐ DA ☐

Individuelle Schülerantwort
z.B.
- Die genetische Information konnte bereits nach wenigen Tagen des Auftretens entschlüsselt werden und wurde im Internet veröffentlicht. Damit war diese Information einer Vielzahl von Wissenschaftlerinnen und Wissenschaftlern zugänglich, die ihre Erfahrungen einbringen und somit gemeinsam an der Entwicklung von Impfstoffen arbeiten konnten.
- Beschleunigung von Prüf- und Herstellungsprozessen, allerdings nicht auf Kosten von Qualität und Sicherheit.
- Neue molekularbiologische Techniken, …

Der Mensch als Ökosystem

8	Kompetenzbereich:	E ☐	K ☒	F ☒	B ☐
	Aufgabentyp:	AA ☒	PA ☐	DA ☐	

A-C

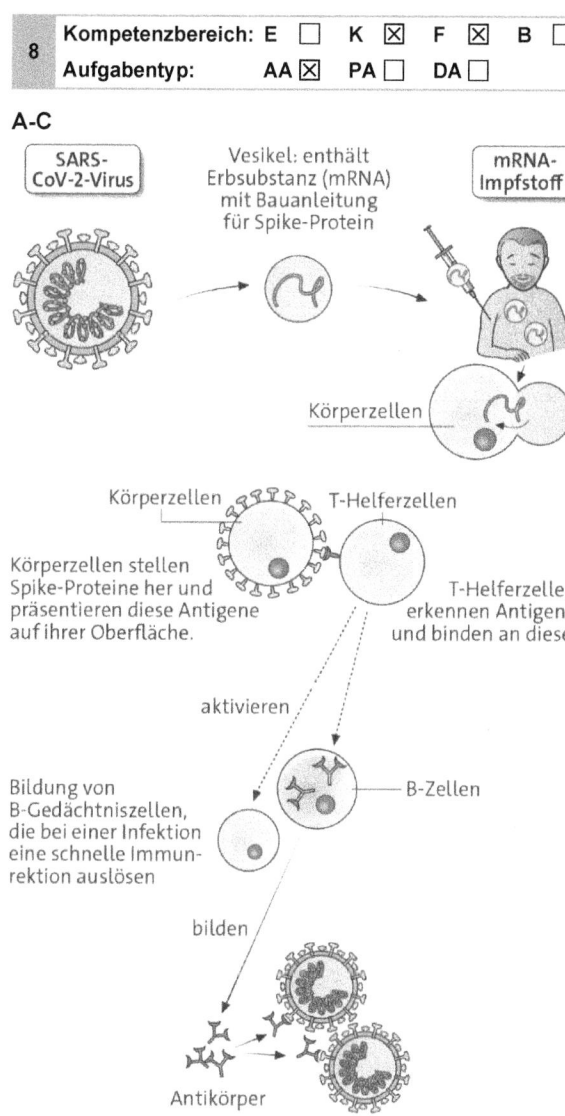

Bei einer Infektion mit SARS-CoV-2 machen die Antikörper die Viren unschädlich.

Cornelsen/Angelika Kramer, bearbeitet durch newVision! GmbH, Bernhard A. Peter, Pattensen

D
Im Endeffekt müssen „nur" angepasste RNA-Moleküle neu synthetisiert werden, die den Bauplan der neuen Spike-Protein-Varianten enthalten, der Rest bleibt gleich.

9	Kompetenzbereich:	E ☐	K ☐	F ☐	B ☒
	Aufgabentyp:	AA ☒	PA ☐	DA ☐	

Individuelle Schülerantwort
z.B.
Pro:
- Impfungen retten Leben
- Impfpflicht schützt Risikopatienten, ...

Kontra:
- Schutzwirkung der Impfung ist teils eingeschränkt
- Strittig, ob Impfpflicht verfassungsgemäß ist
- Sanktionen schwer durchsetzbar
- Bußgeld überzeugt keine Impfskeptiker, ...

▶ Seite 42

1	Kompetenzbereich:	E ☐	K ☒	F ☒	B ☒
	Aufgabentyp:	AA ☒	PA ☒	DA ☐	

A Stellungnahmen ...
zu Lukas: Zum einen wirken Antibiotika auf Bakterien und nicht auf den menschlichen Körper ein. Zum anderen geht es nicht um Immunität, sondern um Resistenzen (der Bakterien).

zu Anas: Gewöhnungsprozesse spielen hier keine Rolle. Bakterien gewöhnen sich nicht an irgendetwas und entwickeln somit auch nicht durch den Kontakt mit Antibiotikum Resistenzen. Vorhandene Resistenzen bei Bakterien sind zufällige Mutationen. Diese Bakterien mit Antibiotika-Resistenz haben dann einen Selektionsvorteil bei Antibiotikagabe und vermehren sich.

zu Marie: Antibiotika bringen zwar auch unerwünschte Nebenwirkungen für den menschlichen Körper mit sich, aber die Bakterien entwickeln nicht durch den Kontakt mit Antibiotikum Resistenzen. Vorhandene Resistenzen bei Bakterien sind zufällige Mutationen. Diese Bakterien mit Antibiotika-Resistenz haben dann einen Selektionsvorteil bei Antibiotikagabe und vermehren sich.

zu Ayla: Antibiotika wirken auf Bakterien und nicht auf den menschlichen Körper ein. Antibiotikaresistenzen (als zufällige Mutationen) treten auf Seiten der Bakterien auf und nicht auf Seiten des menschlichen Körpers. Dies hat allerdings nichts mit der Häufigkeit der Antibiotikaeinnahme beim einzelnen Menschen zu tun.

B Der Arzt hat keine Ahnung von evolutiven Prozessen und ist zudem evtl. ein schlechter Diagnostiker. Ob ein Antibiotikum wirkt oder nicht, hat nichts mit dem jeweiligen Menschen zu tun, sondern mit der Beschaffenheit der jeweiligen Bakterien(stämme), die er erwischt hat. Entweder war die Gabe der Antibiotika bei der letzten Infektion der Patientin nicht passend auf den konkreten Bakterienstamm zugeschnitten oder es handelte sich (zum Teil) um von vornherein antibiotikaresistente Bakterien oder aber es war kein bakterieller Infekt, sondern ein viraler. In jedem Fall ist die potenzielle Wirksamkeit der Antibiotikagabe beim aktuellen Infekt der Patientin gänzlich unabhängig von der Wirksamkeit beim letzten Mal.

2	Kompetenzbereich:	E ☐	K ☐	F ☒	B ☐
	Aufgabentyp:	AA ☒	PA ☒	DA ☐	

A Bei Infektionsverlauf A handelt es sich um eine virale Infektion, bei Verlauf B um eine bakterielle. Das Bakterienwachstum steigt – wie in B erkennbar – zunächst exponentiell an, wenn keine Immunabwehr eintritt und kein Antibiotikum gegeben wird, da Bakterien sich durch Zellteilung vermehren und eine hohe Replikationsrate haben. Ein Virus hingegen hat einen lytischen Vermehrungszyklus und kann sich nur innerhalb lebender Zellen eines Wirtes vermehren. Die Replikation des Virus in der Wirtszelle dauert jeweils eine bestimmte Zeitdauer und in wellenartigen Schüben werden Viruspartikel freigesetzt, wobei die Wirtszellen zerstört (lysiert) werden. Nach jeder Freisetzung werden neue und mehr Wirtszellen befallen, so dass die Anzahl der freigesetzten Erreger von Schub zu Schub größer wird.

B Bei einer Bakterieninfektion treten die Symptome einige Zeit nach der Infektion zum ersten Mal auf, wenn die Bakterienzahl eine kritische Menge überschritten hat. Die Symptome verschlimmern sich dann schnell, stark und parallel zur steigenden Erregeranzahl. Bei einer Virusinfektion treten die Symptome erst mit Verzögerung nach der Infektion auf und verschlimmern sich dann ebenfalls im Laufe der Zeit, insgesamt allerdings über einen längeren Zeitraum und nicht ganz so steil ansteigend.

3	Kompetenzbereich:	E ☒	K ☒	F ☒	B ☐
	Aufgabentyp:	AA ☒	PA ☒	DA ☐	

Das Diagramm zeigt den Verlauf einer unbehandelten HIV-Infektion in Bezug auf die Konzentration von HI-Viren sowie T-Zellen im Blut über einen Zeitraum von den ersten Wochen bis zu Jahren nach der Infektion. Es ist zu erkennen, dass die HI-Viren-Konzentration in den ersten Wochen nach einer Infektion steil ansteigt, dann in den Folgemonaten abflacht bzw. deutlich sinkt, um dann nach einigen Monaten wieder deutlich und steil zu steigen. Die Konzentration der T-Helferzellen nimmt zunächst parallel zur steigenden HI-Viruslast in den ersten Wochen stetig ab, um dann in den nächsten Monaten wieder zu steigen, was wiederum die Konzentration der HI-Viren im Blut reduziert. Wenn die T-Helferzellen-Konzentration wieder beginnt, steil zu sinken, steigt gleichzeitig die HI-Virenlast. Die T-Gedächtniszellen sinken von Beginn der Infektion an kontinuierlich – in den ersten Wochen sehr steil, dann flacher, jedoch kontinuierlich.

Während in den ersten Wochen nach der Infektion nur schwache (und unspezifische) Krankheitssymptome auftreten, treten in den Monaten und ersten Jahren typische Krankheiten auf. Es lässt sich ableiten, dass eine unbehandelte HIV-Infektion der Immunantwort entgeht bzw. sie nach längerer Zeit sogar zum Erliegen bringt. Insbesondere der signifikante Rückgang bzw. Verlust der T-Helferzellen beeinträchtigt die (humorale und zellvermittelte) Immunantwort, was die Anfälligkeit für jegliche weitere Infektionen stark erhöht. Das ist der Zeitpunkt, wo von einer AIDS-Erkrankung und nicht mehr von einer HIV-Infektion gesprochen wird. Schon leichte Infekte schädigen den Patienten schwer, da sein Immunsystem nicht mehr in der Lage ist, sie zu bekämpfen.

4	Kompetenzbereich:	E ☒	K ☒	F ☒	B ☐
	Aufgabentyp:	AA ☒	PA ☒	DA ☐	

A Anzahl der Parasiten pro ml Blut = abhängige Variable; Tage bzw. Zeit = unabhängige Variable.

B

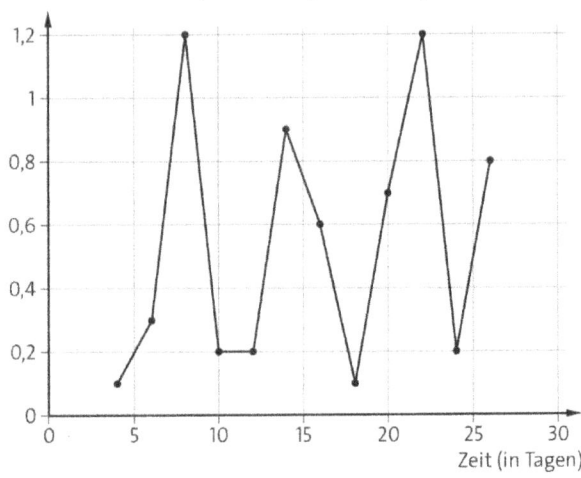

Cornelsen/newVision! GmbH, Bernhard A. Peter, Pattensen

C Es ist erkennbar, dass die Parasitenentwicklung regelmäßigen Schwankungen unterworfen ist. Dabei treten schubweise stets im Abstand von ca. 1 Woche deutlich erhöhte Erregerzahlen auf. Vermutlich ist der Replikationszyklus des Parasiten ca. 7 Tage lang. Nach jedem neuen Schub sorgt wahrscheinlich die Immunabwehr des infizierten Menschen für eine starke Reduktion der Parasiten, bevor es zu einem erneuten Ausbruch kommt. Auffallend ist, dass auf einen besonders hohen Peak (Tag 8 und Tag 22) der jeweils folgende Peak deutlich niedriger ist (Tag 14 und dann Tag 26). Vermutlich reagiert das Immunsystem bei den niedrigeren Peaks bereits spezifisch (= schnellere Immunantwort), so dass die Erregeranzahl umgehend reduziert wird. Dann allerdings scheint der Parasit mit dem nächsten hohen Peak in einer neuen Variante aufzutreten, die dem Immunsystem unbekannt ist, so dass die Immunantwort wiederum schwächer ausfällt.

Der Mensch als Ökosystem

▶ Seite 43

5	Kompetenzbereich:	E ☒	K ☐	F ☒	B ☐
	Aufgabentyp:	AA ☒	PA ☒	DA ☐	

Durch die orale Impfung mit Lebendimpfstoffen kann es zu Polio-Erkrankungen bei den geimpften Personen oder bei Kontaktpersonen kommen.

6	Kompetenzbereich:	E ☒	K ☐	F ☒	B ☐
	Aufgabentyp:	AA ☒	PA ☒	DA ☒	

Ernährungstagebuch führen bzw. konsumierte Nahrungsmittel und aufgetretene Symptome protokollieren; eine Zeitlang verdächtige Nahrungsmittel möglichst nur separat zu sich nehmen und etwaige Reaktionen notieren; identifizierte Kreuzallergie-auslösende Nahrungsmittel meiden; Inhaltsangaben auf Nahrungsmitteln genau lesen, wenn bereits mögliche Kreuzallergien bekannt sind; wenn eine Pollen- oder Hausstauballergie bekannt ist, nachlesen, welche Kreuzallergien daran gekoppelt häufig auftreten und diese Nahrungsmittel vorsichtig austesten; einen Arzt aufsuchen und einen Allergietest machen

7	Kompetenzbereich:	E ☒	K ☒	F ☒	B ☒
	Aufgabentyp:	AA ☒	PA ☒	DA ☐	

A + B

	Fragestellung	Hypothesen	Erkenntnis
Experiment 1	Wodurch wird die Mosaikkrankheit bei Tabakpflanzen hervorgerufen?	H1: Die Mosaikkrankheit bei Tabakpflanzen wird nicht durch Bakterien, sondern andere Erreger hervorgerufen. H2: Die Mosaikkrankheit bei Tabakpflanzen wird durch Bakterien hervorgerufen.	Hypothese 1 trifft zu. Zudem scheint sich der Erreger in der neu infizierten Pflanze zu vermehren.
Experiment 2	Wodurch werden Magengeschwüre hervorgerufen?	H1: Für die Entstehung von Magengeschwüren ist der Befall des Magens mit dem Bakterium *Helicobacter pylori* verantwortlich. H2: Für die Entstehung von Magengeschwüren ist Stress verantwortlich. H3: Für die Entstehung von Magengeschwüren ist scharfes Essen verantwortlich.	Hypothese 1 trifft zu.

C Die Durchführung von Experiment 1 wäre auch heutzutage kein Problem, wenn unter fachgerechten hygienischen Bedingungen gearbeitet wird (da es – wie wir heute wissen – um Viren geht). Experiment 2 könnte in dieser Form nicht an Menschen durchgeführt werden, da sie dabei wissentlich und zielgerichtet zu Schaden kommen würden.

8	Kompetenzbereich:	E ☐	K ☐	F ☒	B ☐
	Aufgabentyp:	AA ☒	PA ☒	DA ☐	

Experiment 2 erfüllt die Koch-Postulate, da nur hier der Erreger isoliert, zielgerichtet gezüchtet und übertragen wird. Nachweis des Erregers / Bakteriums in isoliertem Magenwebe = Postulat 1; Isolierung des Bakterienmaterials und Züchtung in Kulturmedien im Labor = Postulat 2; Trinken der Reinkultur und Entwickeln einer Gastritis nach einiger Zeit = Postulat 3; Biopsie von Magenwebe des Versuchs"tiers" (B. Marshall) und Nachweis desselben Bakteriums wie in Schritt 1 = Postulat 4.

Biomoleküle als Energieträger und Baustoffe
(S. 44–69)

▶ Seite 45

1 Kompetenzbereich: E ☒ K ☐ F ☒ B ☒
Aufgabentyp: AA ☐ PA ☐ DA ☒

Individuelle Schülerantwort
Das ist nicht möglich, da Menschen die Energie in Form von Licht nicht für Stoffwechselprozesse nutzen können. Dies können nur Pflanzen, da sie das Licht in chemische Energie (Traubenzucker) umwandeln können. Außerdem fehlt Flüssigkeit für die Stoffwechselprozesse in den Zellen.

2 Kompetenzbereich: E ☐ K ☐ F ☒ B ☐
Aufgabentyp: AA ☐ PA ☐ DA ☒

Individuelle Schülerantwort
Kohlenhydrate, Fette, Proteine, Wasser, Vitamine, Mineralstoffe…

3 Kompetenzbereich: E ☐ K ☐ F ☒ B ☐
Aufgabentyp: AA ☐ PA ☐ DA ☒

Auswirkungen	Zu viel Nahrung	Zu wenig Nahrung
kurzfristig	Völlegefühl, Müdigkeit, starker Anstieg des Blutzuckerspiegels, …	Müdigkeit, niedriger Blutzuckerspiegel, Konzentrationsschwierigkeiten, Zittern, …
langfristig	Zunahme von Körperfett, Herzkreislaufbeschwerden, Belastung für Knochen und Gelenke, steigendes Diabetesrisiko, …	Abbau von Körperfett und Muskulatur, Schwäche, Müdigkeit, Auswirkungen auf Hormonhaushalt, …

4 Kompetenzbereich: E ☐ K ☐ F ☒ B ☐
Aufgabentyp: AA ☐ PA ☐ DA ☒

Alle nötigen Mikro- und Makronährstoffe, wie Fette, Kohlenhydrate, Proteine, Vitamine, Mineralstoffe (in passendem Verhältnis) und Wasser.

5 Kompetenzbereich: E ☒ K ☒ F ☒ B ☒
Aufgabentyp: AA ☒ PA ☒ DA ☒

Individuelle Schülerantwort, z.B.:
- Abwechslungsreiche Ernährung, um Nährstoffbedarf abzudecken.
- Menge der Nahrung angepasst an Aktivitätslevel, um Energiebedarf zu decken.
- Genug Wasser trinken.
- …

▶ Seite 46

1 Kompetenzbereich: E ☐ K ☒ F ☒ B ☒
Aufgabentyp: AA ☐ PA ☐ DA ☒

Da man zum Aufrechterhalten der Lebensprozesse Energie, Baustoffe und andere Nährstoffe aus der Nahrung benötigt, ist nur ein kurzfristiges Überleben ohne Nahrung möglich. Der Hungerkünstler hat vermutlich gelogen.

2 Kompetenzbereich: E ☐ K ☐ F ☒ B ☐
Aufgabentyp: AA ☒ PA ☒ DA ☒

Fortpflanzung und Individualentwicklung: Will der Hungerkünstler sich fortpflanzen, muss er Geschlechtszellen produzieren. Dafür braucht er Energie und Baustoffe.
Informationsaufnahme, -weiterleitung und Reaktion: Fehlt dem Hungerkünstler Energie, kann er Informationen nicht mehr so schnell Aufnehmen und darauf reagieren.
Stoffwechsel: Für die Bereitstellung der Energie im Körper fehlen die nach der Verdauung aufgenommenen Stoffe.
Wachstum: Nötige Baustoffe für die Bildung neuer Zellen fehlen.
Bewegung: Energie für Muskelbewegung fehlt.

3 Kompetenzbereich: E ☐ K ☒ F ☒ B ☐
Aufgabentyp: AA ☒ PA ☐ DA ☒

Individuelle Schülerantwort
Hinein: Sauerstoff, Wasser, Nahrung
Heraus: Kohlenstoffdioxid, Wasser, Scheiß (Wasser, Salze), Urin, Kot

4 Kompetenzbereich: E ☒ K ☐ F ☒ B ☐
Aufgabentyp: AA ☒ PA ☒ DA ☐

Bei einem offenen System werden Stoffe und Energie mit der Umgebung ausgetauscht. Da unser Körper z.B. Nahrung aufnimmt und Abfallstoffe abgibt und Wärme freisetzt ist er ein offenes System.

5 Kompetenzbereich: E ☐ K ☐ F ☒ B ☐
Aufgabentyp: AA ☐ PA ☒ DA ☐

Individuelle Schülerantwort
Offenes System: Lebewesen, Kochtopf ohne Deckel, Holzofen, Verbrennungsmotor, …
Geschlossenes System: geschlossener Kühlschrank, Wasserflasche, Batterie, …

Biomoleküle als Energieträger und Baustoffe

6 Kompetenzbereich: E ☒ K ☐ F ☒ B ☐
Aufgabentyp: AA ☒ PA ☒ DA ☐

Bei einer geschlossenen Thermoskanne kann keine Flüssigkeit hinaus oder hinein gelangen. Ist die Thermoskanne ausreichend isoliert, wird kaum Energie in Form von Wärme abgegeben. Bei einem isolierten System ist also weder ein Energie- noch ein Stoffaustausch möglich.

7 Kompetenzbereich: E ☐ K ☐ F ☒ B ☐
Aufgabentyp: AA ☐ PA ☐ DA ☒

Eine Verbrennung ist eine exotherme Reaktion, bei der ein brennbarer Stoff mit Sauerstoff reagiert.

8 Kompetenzbereich: E ☐ K ☒ F ☒ B ☐
Aufgabentyp: AA ☒ PA ☒ DA ☐

Im Brot sind Stärke-Moleküle enthalten, welche aus vielen Traubenzucker-Molekülen aufgebaut sind. Diese werden bei der Verdauung freigesetzt, in das Blut aufgenommen und zu den Zellen transportiert. Dort findet die Zellatmung statt. Dabei werden die Traubenzucker-Moleküle umgesetzt und die darin gespeicherte Energie für Stoffwechselvorgänge freigesetzt.

$C_6H_{12}O_6 + 6\ O_2 \rightarrow 6\ H_2O + 6\ CO_2$

9 Kompetenzbereich: E ☒ K ☐ F ☒ B ☐
Aufgabentyp: AA ☒ PA ☒ DA ☒

In Organen und Geweben, in denen viel Energie benötigt wird, findet mehr Zellatmung statt. Für diesen Prozess wird Sauerstoff benötigt, weshalb in diesen Körperregionen ein höherer Sauerstoffverbrauch vorliegt.
Da im Gehirn zu jeder Zeit Verarbeitungsprozesse ablaufen, wird dauerhaft Sauerstoff verbraucht. In Muskelzellen läuft die Zellatmung nur bei Bewegung ab, weshalb sie in Ruhe kaum Sauerstoff verbrauchen. Das Herz ist ebenfalls ein Muskel, der allerdings selbst beim Schlafen dauerhaft schlägt und Energie benötigt. So erklärt sich der erhöhte Sauerstoffverbrauch in Ruhe. Bei körperlicher Aktivität schlägt das Herz besonders schnell, um das Blut und damit Sauerstoff und Traubenzucker durch den Körper zu befördern. Deshalb ist hier der Sauerstoffverbrauch sehr hoch. Nieren, Leber und Milz sind Organe, die ebenfalls dauerhaft arbeiten, weshalb die Zellatmung auch in diesen Zellen ständig stattfindet.

▶ Seite 47

10 Kompetenzbereich: E ☒ K ☐ F ☒ B ☐
Aufgabentyp: AA ☒ PA ☐ DA ☒

Individuelle Schülerantwort
unterschiedliche sportliche Aktivität, unterschiedliche Körpergröße, unterschiedliches Klima, Geschlecht, ...

11 Kompetenzbereich: E ☒ K ☒ F ☒ B ☐
Aufgabentyp: AA ☒ PA ☒ DA ☒

A *Individuelle Schülerantwort*

B
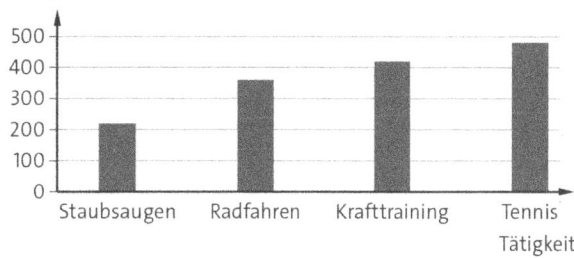

Cornelsen/newVision! GmbH, Bernhard A. Peter, Pattensen

C *Individuelle Schülerantwort*

12 Kompetenzbereich: E ☐ K ☐ F ☒ B ☐
Aufgabentyp: AA ☐ PA ☒ DA ☐

Mineralstoffe, Vitamine, Wasser

13 Kompetenzbereich: E ☒ K ☒ F ☒ B ☐
Aufgabentyp: AA ☒ PA ☒ DA ☐

Wasser macht den größten Anteil am Tagesbedarf aus. Von den Makonährstoffen sollten den größten Anteil der Nahrung die Kohlenhydrate ausmachen, Eiweiße den kleinsten. Vitamine, Spurenelemente und Mineralstoffe muss man in einem ähnlichen Verhältnis aufnehmen, allerdings benötigt man diese verglichen mit den anderen Nahrungsbestandteilen eher in kleinen Mengen.
Im Wasser werden alle Nahrungsbestandteile gelöst, um sie in die Zielzellen zu transportieren. Gibt es zu wenig Wasser funktioniert dieser Transport nicht mehr ausreichend.

▶ Seite 48

1 Kompetenzbereich: E ☒ K ☒ F ☐ B ☐
Aufgabentyp: AA ☒ PA ☐ DA ☐

Beobachtung: Nach Zugabe von Fehling I und II ist in beiden Reagenzgläsern eine dunkelblaue Färbung zu beobachten. Nach dem Erhitzen ist in der Glucose-Lösung ein rot-brauner Niederschlag erkennbar. Die blaue Färbung ist verschwunden.

2 Kompetenzbereich: E ☒ K ☒ F ☐ B ☐
Aufgabentyp: AA ☒ PA ☒ DA ☐

Wenn man zu einer Probelösung Fehling I und II hinzugibt, diese erwärmt und wenn sich ein roter Niederschlag bildet, dann ist die Fehling-Probe positiv.

3	Kompetenzbereich:	E ☒	K ☒	F ☐	B ☐
	Aufgabentyp:	AA ☒	PA ☐	DA ☐	

Beobachtung:
Verfärbung des Glucoseteststreifens bei Anwesenheit von Glucose (siehe Verpackung).

4	Kompetenzbereich:	E ☒	K ☐	F ☐	B ☐
	Aufgabentyp:	AA ☒	PA ☐	DA ☐	

Beobachtung: schwächere Verfärbung des Teststreifens.

5	Kompetenzbereich:	E ☒	K ☒	F ☒	B ☐
	Aufgabentyp:	AA ☒	PA ☒	DA ☒	

Iod-Lösung

Stärke-Lösung — deionisiertes Wasser

Cornelsen/newVision! GmbH, Bernhard A. Peter, Pattensen

6	Kompetenzbereich:	E ☒	K ☐	F ☐	B ☐
	Aufgabentyp:	AA ☒	PA ☐	DA ☐	

Beobachtung: Stärke-Lösung färbt sich dunkelblau, das Wasser hellbraun.

7	Kompetenzbereich:	E ☒	K ☒	F ☐	B ☐
	Aufgabentyp:	AA ☒	PA ☒	DA ☐	

Wenn man zu einer Probelösung Iod-Lösung hinzutropft und wenn sich diese blau verfärbt, dann ist der Stärkenachweis positiv.

8	Kompetenzbereich:	E ☒	K ☐	F ☒	B ☐
	Aufgabentyp:	AA ☐	PA ☒	DA ☐	

Da die Iod-Lösung selbst braun ist, stammt die Färbung des Wassers von der verdünnten Iod-Lösung. Die Farbe ist nur heller. Um auszuschließen, dass die Iod-Lösung mit dem Wasser keine blaue Färbung erzeugt, führt man den Versuch mit Wasser als Kontrolle durch.

▶ Seite 49

1	Kompetenzbereich:	E ☐	K ☐	F ☒	B ☐
	Aufgabentyp:	AA ☐	PA ☐	DA ☒	

Brot, Nudeln, Müsli, Süßigkeiten, Kartoffeln, Getreideprodukte, Reis...

2	Kompetenzbereich:	E ☒	K ☒	F ☒	B ☐
	Aufgabentyp:	AA ☒	PA ☐	DA ☒	

Alle Moleküle sind ringförmig und bestehen aus Kohlenstoff-, Sauerstoff- und Wasserstoff-Atomen.
Im Ring befindet sich immer ein Sauerstoff-Atom und vier oder fünf Kohlenstoff-Atome, an welche die OH-Gruppen gebunden sind. Deshalb kann man Fünf- und Sechsringe unterscheiden. Manche Kohlenhydrat-Moleküle bestehen aus mehreren ringförmigen Molekülen, die über ein Sauerstoff-Atom miteinander verknüpft sind.

3	Kompetenzbereich:	E ☒	K ☐	F ☒	B ☐
	Aufgabentyp:	AA ☒	PA ☒	DA ☐	

Monosaccharid	Disaccharid	Polysaccharid bestehend aus vielen Monosacchariden
Glucose, Fructose	z.B. Saccharose Lactose	Stärke, Glykogen

Cornelsen/newVision! GmbH, Bernhard A. Peter, Pattensen

▶ Seite 50

1	Kompetenzbereich:	E ☒	K ☐	F ☒	B ☐
	Aufgabentyp:	AA ☒	PA ☒	DA ☐	

Das Glucose-Molekül besitzt viele OH-Gruppen mit polaren Bindungen. (Das heißt die Elektronendichte ist am Sauerstoff-Atom höher als am Sauerstoff-Atom.) Das Wasser-Molekül ist ebenfalls polar. Zwischen den Molekülen wirken also Wechselwirkungen, wodurch die Glucose-Moleküle zwischen die Wasser-Moleküle gelangen können.

Biomoleküle als Energieträger und Baustoffe

2 Kompetenzbereich: E ☒ K ☐ F ☒ B ☐
Aufgabentyp: AA ☐ PA ☐ DA ☒

Blut besteht zu einem großen Teil aus Wasser. Durch das Lösen im Wasser werden Glucose-Moleküle transportfähig und können durch das Blut zu den Zellen transportiert werden.

3 Kompetenzbereich: E ☒ K ☐ F ☒ B ☐
Aufgabentyp: AA ☒ PA ☒ DA ☒

A *Individuelle Schülerlösung*
Beispiel: Gewicht 50 Kilogramm
Rechnung: 50 kg × 0,08 = 4 kg → Entspricht ca. 4 Liter Blut.

B

$$n = \frac{m}{M} = \frac{1\,g}{180\,g/mol} = 0{,}0055\,mol$$

$$N = \frac{N_A}{n} = \frac{6{,}022 \cdot 10^{23}\,1/mol}{0{,}0055\,mol} \approx 1{,}1 \cdot 10^{26}$$

In 1 Liter sind $1{,}1 \times 10^{26}$ Glucose-Moleküle.
Anzahl in 4 Litern Blut (siehe Beispiel oben):
$4 \times 1{,}1 \times 10^{26} = 4{,}4 \times 10^{26}$

C $4{,}4 \times 10^{26} : 60 \times 10^{12} = 7{,}3 \times 10^{12}$ (gerundet)
Jede Zelle des Körpers hat circa $7{,}3 \times 10^{12}$ Glucose-Moleküle zur Verfügung.

D Bei körperlicher Aktivität und nach längerer Zeit ohne Nahrung sinkt der Blutzuckerspiegel, bei Nahrungsaufnahme steigt er.

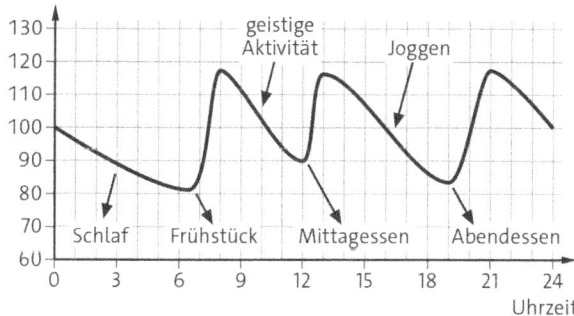

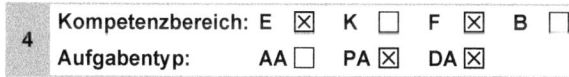
Cornelsen/newVision! GmbH, Bernhard A. Peter, Pattensen

▶ S. 51

4 Kompetenzbereich: E ☒ K ☐ F ☒ B ☐
Aufgabentyp: AA ☐ PA ☒ DA ☒

Amylose und Amylopektin lassen sich beide nicht optimal in Wasser lösen. Da Amylose eine nicht verzweigte Struktur besitzt, können die OH-Gruppen nach außen zeigen und so Wechselwirkungen mit den Wasser-Molekülen eingehen. Durch die Verzweigungen im Amylopektin-Molekül, sind viele OH-Gruppen abgeschirmt, außerdem entstehen durch die vielen Verzweigungen weitere Wechselwirkungen innerhalb des Moleküls und somit ein besserer Zusammenhalt. Aus diesem Grund löst sich Amylose besser im Wasser als Amylopektin.

5 Kompetenzbereich: E ☒ K ☐ F ☒ B ☐
Aufgabentyp: AA ☒ PA ☐ DA ☐

Brot enthält Stärke, welche aus vielen Glucose-Einheiten aufgebaut ist. Kaut man lange auf dem Brot wird die darin enthaltene Stärke bereits im Mund mit Hilfe von Enzymen in ihre einzelnen Bestandteile, nämlich in Glucose-Moleküle, zerlegt. Glucose erzeugt einen süßen Geschmack.

6 Kompetenzbereich: E ☒ K ☐ F ☒ B ☐
Aufgabentyp: AA ☒ PA ☒ DA ☐

Tennisspieler: eine Banane in der Pause	Eine Banane liefert sowohl kurzkettige Kohlenhydrate, die dem Körper schnell Energie zur Verfügung stellen (z.B. für das sofortige Weiterspiel nach der Pause), als auch langkettige Kohlenhydrate, die dem Körper erst nach einiger Zeit Energie liefern, zur Verfügung (z.B. für das kommende Spiel).
Rennradfahrer: am Abend zuvor tellerweise Nudeln	Nudeln enthalten vor allem Stärke. Dieses langkettige Kohlenhydrat muss vom Körper erst in die Monosaccharide zerlegt werden. Dies dauert seine Zeit und so steht die darin gespeicherte Energie in Form von Monosacchariden erst nach einigen Stunden zur Verfügung.
Marathonläufer: Energieriegel kurz vor dem Endspurt	Ein Energieriegel enthält hauptsächlich Mono- und Disaccharide. Diese Formen der Kohlenhydrate können vom Körper schnell in den Blutkreislauf aufgenommen werden und liefern dem Körper so schnell Energie.

▶ Seite 52

1 Kompetenzbereich: E ☒ K ☒ F ☒ B ☐
Aufgabentyp: AA ☒ PA ☒ DA ☐

Individuelle Schülerantwort
z.B. „Schmeckt gekaufter Saft aus Fruchtsaftkonzentrat süßer als gekaufter Direktsaft oder selbst gepresster Orangensaft?", „Enthält der gekaufte Saft mit Vitamin C mehr Vitamine als der frisch gepresste Orangensaft?"
...

2 Kompetenzbereich: E ☒ K ☒ F ☒ B ☐
Aufgabentyp: AA ☒ PA ☒ DA ☐

Individuelle Schülerantwort
„Der gekaufte Orangensaft aus Direktsaft/Fruchtsaftkonzentrat enthält mehr Zucker als der frisch gepresste Orangensaft."

▶ Seite 53

3	Kompetenzbereich:	E ☒	K ☒	F ☒	B ☐
	Aufgabentyp:	AA ☒	PA ☒	DA ☐	

A Anna wollte mit ihrem Versuch überprüfen, ob gekaufter Orangensaft mehr Zucker enthält als frisch gepresster Orangensaft. Aus Benedikts Notiz kann nicht geschlussfolgert werden, welcher der Orangensäfte mehr Zucker enthält, nur dass in allen Zucker enthalten ist.

B „Enthält Orangensaft immer Zucker?"

4	Kompetenzbereich:	E ☒	K ☒	F ☒	B ☒
	Aufgabentyp:	AA ☒	PA ☒	DA ☐	

Individuelle Schülerantworten zu Fehlerquellen möglich, z.B.
- Mit Zucker verunreinigtes Reagenzglas
- Verunreinigte Chemikalien
- Verwechselung der Reagenzgläser
- Unsauberes Arbeiten (z.B. mehrere Lösungen kommen miteinander in Kontakt)
- …

▶ Seite 54

1	Kompetenzbereich:	E ☐	K ☐	F ☒	B ☐
	Aufgabentyp:	AA ☐	PA ☒	DA ☐	

Dickflüssig/fest, wasserunlöslich, niedriger Schmelzbereich bei Fetten

2	Kompetenzbereich:	E ☐	K ☐	F ☒	B ☐
	Aufgabentyp:	AA ☐	PA ☒	DA ☐	

Butter, Margarine, Öle, Käse, Milchprodukte, Wurst, Nüsse, Avocado, Frittiertes, …

3	Kompetenzbereich:	E ☒	K ☒	F ☐	B ☐
	Aufgabentyp:	AA ☒	PA ☐	DA ☐	

Der Wasserfleck verschwindet, die Butter- und Ölflecken sind immer noch zu sehen.

4	Kompetenzbereich:	E ☒	K ☒	F ☐	B ☐
	Aufgabentyp:	AA ☒	PA ☒	DA ☐	

Der Rauchpunkt ist die niedrigste Temperatur, bei der eine sichtbare Rauchentwicklung über dem erhitzten Öl oder Fett beginnt. Bei dieser Temperatur verdampfen also kleinere Teile der Fettmoleküle. Diese Temperatur gibt Aufschluss darüber, wie stark die Moleküle zusammenhalten.
Die Rauchpunkte der Fette liegen alle über der Siedetemperatur des Wassers. Das bedeutet, die Wasser-Moleküle lösen sich leichter voneinander als die Fettmoleküle. Das Wasser verdunstet also schneller als das Fett.

5	Kompetenzbereich:	E ☒	K ☐	F ☒	B ☐
	Aufgabentyp:	AA ☐	PA ☒	DA ☐	

Fette und Öle unterschieden sich in ihrem Aggregatzustand bei Raumtemperatur. Öle sind bei Raumtemperatur flüssig, Fette fest.

6	Kompetenzbereich:	E ☒	K ☐	F ☒	B ☐
	Aufgabentyp:	AA ☐	PA ☒	DA ☐	

In allen Reagenzgläsern bilden sich nach dem Schütteln wieder zwei Phasen. Das bedeutet, dass sich die Öle nicht im Wasser lösen. Sie sind wasserunlöslich.

7	Kompetenzbereich:	E ☒	K ☐	F ☒	B ☐
	Aufgabentyp:	AA ☒	PA ☒	DA ☐	

A Die Flüssigkeiten liegen übereinander geschichtet im Scheidetrichter, da sie sich nicht miteinander mischen. Durch das Ventil kann man zunächst die untere Flüssigkeit abfließen lassen, bis die Phasengrenze erreicht ist. Anschließend wechselt man den Auffangbehälter und lässt die zweite Flüssigkeit hinauslaufen.

B Das Wasser wird zuerst abgetrennt, da es unter der Ölschicht liegt. Dies liegt an der unterschiedlichen Dichte. Wasser hat ca. eine Dichte von 1 g/cm³. Die Dichte der Öle ist laut der Tabelle geringer, deshalb schwimmen die Öle auf dem Wasser.

▶ Seite 55

1	Kompetenzbereich:	E ☒	K ☒	F ☒	B ☐
	Aufgabentyp:	AA ☒	PA ☒	DA ☒	

A

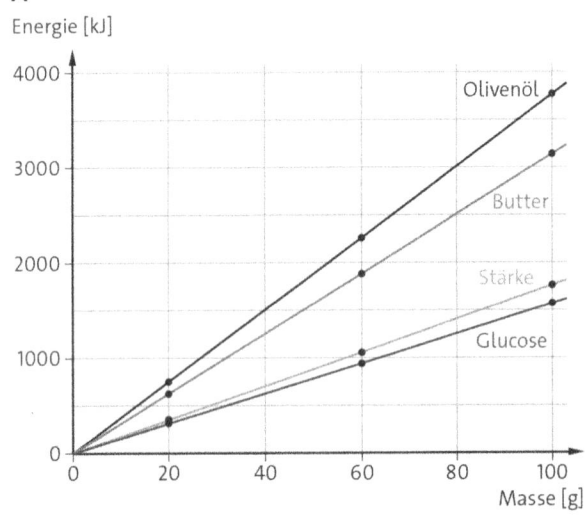

Cornelsen/newVision! GmbH, Bernhard A. Peter, Pattensen

B Aus dem Diagramm sollte sich ein Wert um die 471 kJ ermitteln lassen.

Biomoleküle als Energieträger und Baustoffe

C Energiegehalt steigt proportional zur Masse an. Bei gleicher Masse haben Fette mehr Energiegehalt als Kohlenhydrate. Ihre Energiedichte ist größer.

D Der Energiegehalt von 50 g Olivenöl beträgt laut Diagramm ca. 1885 kJ (Berechnung auch über Dreisatz möglich).
Energiegehalt in 20 g Glucose: 314 kJ
Energiegehalt in 1 g Glucose: 314 kJ / 20 g = 15,7 kJ/g
1885 kJ : 15,7 kJ/g = 120,06 g
Um die gleiche Energiemenge, wie in 50 Gramm Olivenöl aufzunehmen, müsste man 120 Gramm Glucose essen.

2 Kompetenzbereich: E ☒ K ☐ F ☒ B ☐
Aufgabentyp: AA ☐ PA ☒ DA ☒

Individuelle Schülerantwort
z.B. „Da bei der Verbrennung von Fetten Wärme und Licht frei wird, müssen sie Energie enthalten."
Die Aktivierungsenergie, die nötig ist, um das Öl zu entzünden, ist zu groß, als das die Reaktion ohne einen Katalysator starten kann.

3+4 Kompetenzbereich: E ☒ K ☒ F ☒ B ☒
Aufgabentyp: AA ☒ PA ☒ DA ☒

Individuelle Schülerantwort
Anmerkung: Das Filterpapier wird mit Fett oder Öl eingestrichen und anschließend angezündet. Reines Fett/Öl entzündet sich nicht durch das Feuerzeug, da sie Oberfläche zu klein ist.
Achtung: Da das Filterpapier aus Cellulose besteht verbrennt dieses auch ohne Öl. Allerdings kann die Bedeutung des Öles durch den Vergleich der Brenndauer mit und ohne Öl aufgezeigt werden. Das Filterpapier ohne Öl/Fett verbrennt viel schneller. Es wird also mit dem Öl/Fett viel mehr Wärme und Licht abgegeben als ohne.

5 Kompetenzbereich: E ☒ K ☐ F ☒ B ☐
Aufgabentyp: AA ☒ PA ☒ DA ☐

Individuelle Schülerantwort
Das Filterpapier wird mit konzentrierter Glucose-Lösung eingestrichen und angezündet. Die Durchführung erfolgt wie bei Aufgabe 2 und 3.

6 Kompetenzbereich: E ☒ K ☐ F ☒ B ☐
Aufgabentyp: AA ☐ PA ☒ DA ☐

Individuelle Schülerantwort
ungenaue Messung der Brenndauer, unterschiedliche Masse an Kohlenhydrat und Fett auf Filterpapier, unterschiedlich große Filterpapiere, ...

7 Kompetenzbereich: E ☒ K ☐ F ☒ B ☐
Aufgabentyp: AA ☒ PA ☒ DA ☐

Für Profis: *Individuelle Schülerantwort*
Über das mit Öl getränktes Filterpapier wird ein Becherglas mit 20 ml Wasser gestellt. Die Temperatur des Wassers wird gemessen. Das Filterpapier wird angezündet und die Temperatur des Wassers wird gemessen, sobald diese nicht mehr weiter ansteigt. Temperaturdifferenz kann berechnet werden.
(Zur Ergänzung: Der gleiche Versuch wird mit dem Glucose-Filterpapier aus Aufgabe 4 durchgeführt. Beide Temperaturdifferenzen können verglichen werden.)

▶ Seite 56

1 Kompetenzbereich: E ☒ K ☐ F ☒ B ☐
Aufgabentyp: AA ☒ PA ☐ DA ☐

Zellkern: Speicherung der Erbinformation (DNA)
Raues Endoplasmatisches Retikulum: Proteinbiosynthese
Glattes Endoplasmatisches Retikulum: Fettsäure- und Hormonproduktion, Modifikation von Proteinen
Zellmembran: Abgrenzung des Zelle, Stofftransport
Golgi-Apparat: Verarbeitung, Umwandlung und Verpackung von Proteinen und anderen Stoffen in Vesikel
Mitochondrium: Ort der Zellatmung

2 Kompetenzbereich: E ☐ K ☐ F ☒ B ☐
Aufgabentyp: AA ☒ PA ☒ DA ☐

Fettmoleküle sind grundlegender Baustein von Membranen. Die Zelle und viele ihrer Bestandteile wird von Membranen gebildet. Gibt es keine Fettmoleküle, gibt es auch keine Membranen und die Zellen können ihre Funktionen nicht erfüllen.

3 Kompetenzbereich: E ☐ K ☐ F ☒ B ☐
Aufgabentyp: AA ☐ PA ☒ DA ☐

Glycerin gehört aufgrund der drei Hydroxy-Gruppen am Molekül zu den Alkoholen. Fettsäuren gehören aufgrund der Carboxy-Gruppe an den Molekülen zu den Carbonsäuren.

4 Kompetenzbereich: E ☒ K ☒ F ☒ B ☐
Aufgabentyp: AA ☒ PA ☒ DA ☐

Für Profis:

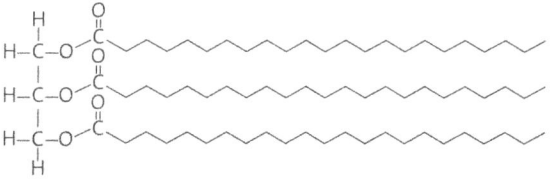

Cornelsen/newVision! GmbH, Bernhard A. Peter, Pattensen

5	Kompetenzbereich: E ☐ K ☐ F ☒ B ☐
	Aufgabentyp: AA ☐ PA ☒ DA ☐

Der Farbcode zeigt die polaren und unpolaren Molekülteile. Im „roten" Glycerin-Teil gibt es viele Sauerstoffatome und deshalb viele polare Bindungen im Molekül. Im „blauen" Fettsäure-Teil gibt es nur unpolare Bindungen. Das Molekül hat also Bereiche mit verschiedenen Eigenschaften.

6	Kompetenzbereich: E ☐ K ☐ F ☒ B ☐
	Aufgabentyp: AA ☐ PA ☒ DA ☐

Der unpolare Molekülteil des Fettes ist sehr groß, der polare Teil hat kaum einen Einfluss auf die Molekül-eigenschaften. Wasser-Moleküle sind polar und können deshalb kaum Wechselwirkungen mit den Fett-Molekülen bilden. Die beiden Stoffe können sich also nicht miteinander mischen.

▶ Seite 57

7	Kompetenzbereich: E ☐ K ☐ F ☒ B ☐
	Aufgabentyp: AA ☐ PA ☒ DA ☐

Die Doppelbindungen verursachen „Knicke" in der Kohlenstoffkette der Fettsäure-Moleküle.

8	Kompetenzbereich: E ☒ K ☒ F ☒ B ☐
	Aufgabentyp: AA ☒ PA ☒ DA ☐

A Individuelle Schülerlösung

B Öle mit einem großen Anteil an ungesättigten Fettsäuren haben einen niedrigeren Rauchpunkt und eignen sich daher nicht zum Braten. Dies liegt daran, dass die Wechselwirkungen zwischen den Fett-Molekülen schwächer sind als bei Ölen mit einem größeren Anteil an gesättigten Fettsäuren.

9	Kompetenzbereich: E ☒ K ☐ F ☒ B ☐
	Aufgabentyp: AA ☒ PA ☐ DA ☐

Omega-3-Fettsäuren sind ungesättigte Fettsäuren, die der Körper nicht selbst herstellen kann. Diese sind also essenziell und müssen mit der Nahrung aufgenommen werden.

10	Kompetenzbereich: E ☒ K ☐ F ☒ B ☐
	Aufgabentyp: AA ☒ PA ☒ DA ☒

Für Profis:
A Je länger und gradliniger die Fettsäuremoleküle sind, desto besser können sie sich aneinander anlagern. Daher sind Fette mit überwiegend langkettigen, gesättigten Fettsäuremolekülen bei Raumtemperatur oft fest. Ungesättigte Fettsäuremoleküle sind aufgrund der Doppelbindung(en) stark gewinkelt und können sich nicht so gut aneinander anlagern. Fette mit einem hohen Anteil an ungesättigten Fettsäuremolekülen sind daher bei Raumtemperatur oft flüssig.

B Individuelle Schülerantwort
Ungesättigte Fettsäuremoleküle lassen sich durch geknickte Streichhölzer modellhaft darstellen. Es passen wesentlich mehr Streichhölzer in die Schachtel, wenn diese nicht geknickt sind. Dies soll modellhaft zeigen, dass sich Fette mit gesättigten Fettsäuremolekülen besser aneinander anlagern können.

C Individuelle Schülerantwort
Zum Beispiel: Ein höherer Anteil an ungesättigten Fettsäuremolekülen in der Zellmembran sorgt dafür, dass diese auch bei tieferen Temperaturen noch flexibel ist.

D Kaltwasserfische sind thermokonforme Lebewesen, d.h. dass ihre Körpertemperatur in etwa der Umgebungstemperatur entspricht. In kalten Gewässern würde somit Fette, die einen hohen Anteil an gesättigten Fettsäuremolekülen enthalten, bereits in fester Form vorliegen. Wären solche Fette Bestandteil der Zellmembranen der Kaltwasserfische, würden diese bei kalten Temperaturen sterben. Fette mit ungesättigten und besonders mehrfach ungesättigten Fettsäuremolekülen dagegen, werden erst bei weitaus tieferen Temperaturen fest. Ein hoher Anteil solcher Fette in den Zellen der Kaltwasserfische erlaubt ihnen daher ein Überleben in kalten Gewässern.

▶ Seite 58

1	Kompetenzbereich: E ☐ K ☐ F ☒ B ☐
	Aufgabentyp: AA ☐ PA ☒ DA ☐

Achtung — gewässerschädigend — ätzend

Cornelsen/Atelier G/Marina Goldberg

2	Kompetenzbereich: E ☒ K ☐ F ☒ B ☐
	Aufgabentyp: AA ☒ PA ☐ DA ☐

Beobachtung:

Wasser	Hellblaue klare Lösung
Eiklar	Violette Färbung, gestocktes Ei (wird fest)

3	Kompetenzbereich: E ☒ K ☐ F ☒ B ☐
	Aufgabentyp: AA ☒ PA ☐ DA ☐

Beobachtung: Das Eiklar wird fest. Man sagt das Ei stockt.

Biomoleküle als Energieträger und Baustoffe

4 Kompetenzbereich: E ☒ K ☐ F ☒ B ☐
Aufgabentyp: AA ☒ PA ☒ DA ☐

Individuelle Schülerlösung
z.B. „Führt man den Nachweis mit Ninhydrin durch, erhält man bei Milch und Eiklar einen positiven Nachweis auf Proteine, bei Wasser einen negativen Nachweis auf Proteine"

5 Kompetenzbereich: E ☒ K ☐ F ☐ B ☐
Aufgabentyp: AA ☒ PA ☐ DA ☐

Beobachtung: Bei Milch und Eiklar kam es zu einer deutlichen Blaufärbung.

6 Kompetenzbereich: E ☒ K ☐ F ☒ B ☐
Aufgabentyp: AA ☐ PA ☒ DA ☐

Bei einem Fingerabdruck werden auch kleinste Mengen von z.B. Schweiß und Talg auf die Oberfläche übertragen, welche körpereigene Proteine enthalten.

7 Kompetenzbereich: E ☒ K ☐ F ☒ B ☐
Aufgabentyp: AA ☒ PA ☒ DA ☐

Individuelle Schülerlösung
z.B. Auf einem weißen Papier wird mithilfe des Filzstiftes ein Kreis gemalt und anschließend ein Finger fest in den Kreis gedrückt. Es wird eine Ninhydrin-Lösung hergestellt und der Fingerabdruck damit besprüht. Durch das Erwärmen mit Hilfe des Föhns wird die Reaktion beschleunigt.
Auch das Eintauchen des Papiers in eine Glasschale mit einer Ninhydrin-Lösung ist denkbar.

▶ Seite 59

1 Kompetenzbereich: E ☒ K ☐ F ☒ B ☐
Aufgabentyp: AA ☐ PA ☐ DA ☒

Individuelle Schülerlösung
z.B. Fleisch, Protein-Shakes, Haare...

2 Kompetenzbereich: E ☐ K ☐ F ☒ B ☐
Aufgabentyp: AA ☐ PA ☒ DA ☒

Ausreichend Proteine sind die Voraussetzung für den Muskelaufbau. Die Proteinzufuhr kann bei Hobby-Sportlern auch über eine ausgewogene Ernährung gedeckt werden.

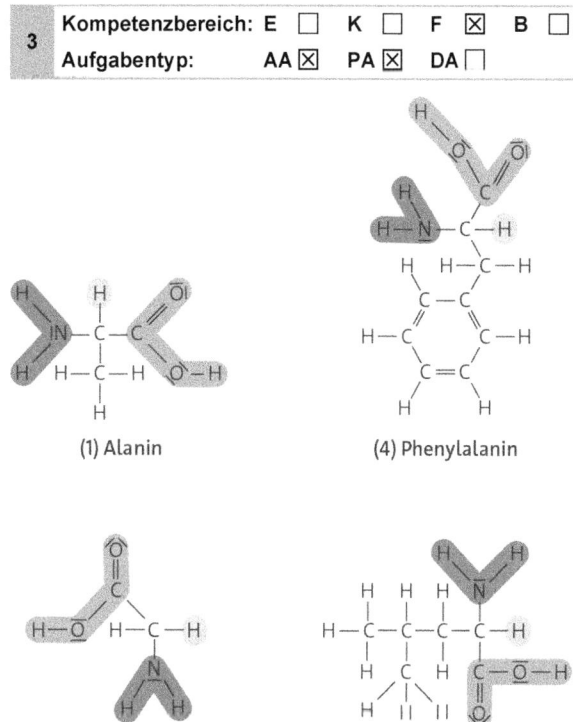

3 Kompetenzbereich: E ☐ K ☐ F ☒ B ☐
Aufgabentyp: AA ☒ PA ☒ DA ☐

(1) Alanin   (4) Phenylalanin

(5) Glycin   (7) Leucin

Cornelsen/newVision! GmbH, Bernhard A. Peter, Pattensen

4 Kompetenzbereich: E ☐ K ☐ F ☒ B ☐
Aufgabentyp: AA ☐ PA ☒ DA ☒

Aminocarbonsäuren/Amidosäuren:
Die Aminosäuren enthalten zwei charakteristische funktionelle Gruppen:
- Amid-Gruppe
- Carboxygruppe: funktionelle Gruppe der Carbonsäuren

▶ Seite 60

1 | Kompetenzbereich: E ☒ K ☐ F ☒ B ☐
Aufgabentyp: AA ☒ PA ☐ DA ☐

A
2 Aminosäuren: 2^2 = 4 Möglichkeiten
4 Aminosäuren: 4^4 = 256 Möglichkeiten
5 Aminosäuren: 5^5 = 3125 Möglichkeiten
6 Aminosäuren: 6^6 = 46656 Möglichkeiten

B
20^{100} mögliche Kombinationen > 10^{87} Atome im Universum

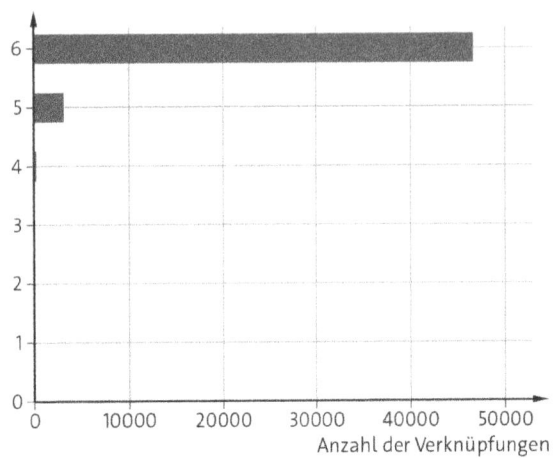

Cornelsen/newVision! GmbH, Bernhard A. Peter, Pattensen

2 | Kompetenzbereich: E ☐ K ☐ F ☒ B ☒
Aufgabentyp: AA ☐ PA ☒ DA ☐

- Fibrilläre Anordnung: Keratine in Haaren und Fingernägeln, Kollagen im Binde- und Stützgewebe, Actin und Myosin bei der Muskelkontraktion ...
- Globuläre Anordnung: Histone in der DNA, Hämoglobin im Blut, Speicherproteine von Pflanzen ...

▶ Seite 61

2 | Kompetenzbereich: E ☒ K ☐ F ☒ B ☒
Aufgabentyp: AA ☐ PA ☒ DA ☐

Individuelle Schülerlösung
Linke Abbildung: Helix- und Faltblatt- Struktur gut erkennbar, keine bindende Hämgruppe.

Rechte Abbildung: Bindungsstelle der Hämgruppe sichtbar, keine Helix- und Faltblattstruktur erkennbar.

3 | Kompetenzbereich: E ☒ K ☒ F ☒ B ☐
Aufgabentyp: AA ☒ PA ☒ DA ☒

Individuelle Schülerlösung

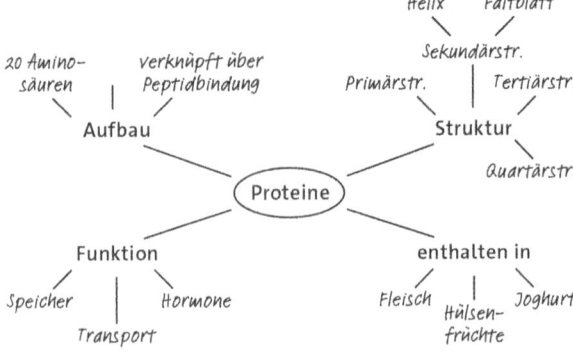

Cornelsen/newVision! GmbH, Bernhard A. Peter, Pattensen

▶ Seite 62

1 | Kompetenzbereich: E ☒ K ☒ F ☒ B ☐
Aufgabentyp: AA ☒ PA ☐ DA ☐

Individuelle Schülerantwort
Skorbut entsteht bei zwei bis vier Monate anhaltenden Vitamin-C-Mangel durch fehlenden Verzehr von Obst, Gemüse oder rohem Fleisch.
Symptome: Zahnfleischbluten und Zahnausfall, Anfälligkeit gegen Infektionskrankheiten, Müdigkeit, schlechte Wundheilung, Muskelschwund, Knochenschmerzen, hohes Fieber, starker Durchfall, ...
Ursache: fehlende Produktion von Kollagen. Kollagen ist Hauptbestandteil von Bindegewebe.
Behandlung: Einnahme von Vitamin C

2 | Kompetenzbereich: E ☒ K ☒ F ☒ B ☐
Aufgabentyp: AA ☒ PA ☐ DA ☐

Isotonische Getränke enthalten die gleiche Konzentration von Elektrolyten (gelöste Salze und Kohlenhydrate) wie im menschlichen Blut und werden deshalb besonders schnell ins Blut aufgenommen und gleichen dabei den Flüssigkeits- und Mineralstoffverlust aus.

▶ Seite 63

3 | Kompetenzbereich: E ☐ K ☐ F ☒ B ☐
Aufgabentyp: AA ☐ PA ☒ DA ☐

Vitamine sind organische Stoffe, die dem Körper nicht als Energielieferant dienen, sondern für andere lebenswichtige Funktionen benötigt werden und nicht oder nur zum Teil vom Körper selbst hergestellt werden können.

Mineralsalze sind anorganische, energiearme, aber lebenswichtige Stoffe, die der Körper nicht selbst herstellen kann und die deshalb mit der Nahrung aufgenommen werden müssen.

Biomoleküle als Energieträger und Baustoffe

4 Kompetenzbereich: E ☐ K ☐ F ☒ B ☒
Aufgabentyp: AA ☐ PA ☒ DA ☒

Individuelle Schülerantwort
Bei abwechslungsreicher und ausgewogener Ernährung benötigt ein gesunder Mensch keine Nahrungsergänzungsmittel, da die benötigten Stoffe in ausreichenden Mengen in der Nahrung enthalten sind.
Situationen in denen die Einnahme sinnvoll sein kann können folgende sein:
- Krankheit
- Astronaut im Weltall
- Bei dauerhaft wenig Sonnenlicht (Vitamin D)
- ...

5 Kompetenzbereich: E ☒ K ☐ F ☒ B ☐
Aufgabentyp: AA ☐ PA ☒ DA ☒

A Fettlöslichkeit
B Nach dem Warten ist die Phase mit dem Speiseöl orange gefärbt. Das Wasser ist farblos.
C Betacarotin löst sich besser im Öl als im Wasser, weshalb das Speiseöl-Betacarotin-Gemisch dessen orangene Färbung annimmt.
D Betacarotin löst sich nur schlecht in Wasser. Die Flüssigkeit in Magen und Darm besteht aber zum Großteil aus Wasser, weshalb das Vitamin A nicht aus den zerkleinerten Karottenresten herausgelöst wird. Es bleibt in den unverdaulichen Resten und wird ausgeschieden.
E Man sollte Karotten oder ähnliches Gemüse zusammen mit ein wenig Öl oder Fett essen, damit sich das Vitamin A im Fett löst und zusammen mit diesem in den Körper aufgenommen wird.

6 Kompetenzbereich: E ☒ K ☒ F ☒ B ☐
Aufgabentyp: AA ☒ PA ☒ DA ☒

A
Patient 1 hat durch den Aufenthalt in Finnland nur wenig Sonnenlicht abbekommen und deshalb zu wenig Vitamin D ausbilden können. Durch Vitamin-D-Mangel werden die Knochen weich, wodurch die Schmerzen zu erklären sind.

Durch die fehlende Einnahme von Gewürzen und Fleisch besteht bei dem Patienten 2 ein Iodmangel. Iod wird für die Produktion von Schilddrüsenhormonen benötigt. Fehlt dieses, wächst die Schilddrüse an und es kommt zur Kropfbildung. Das erklärt die enger werdende Halskette. Die Haut wird trocken und rau. Auch Augenprobleme können durch fehlende Schilddrüsenhormone entstehen. Durch fehlendes Fett kann Vitamin A aus dem Gemüse nicht aufgenommen werden und es kommt zusätzlich zu Hautproblemen und Seheinschränkungen.

Patient 3 ernährt sich sehr einseitig nur von Kohlenhydrathaltigen Brötchen. Ihm fehlen Eisen-Ionen, welche für die Blutbildung und das Immunsystem notwendig sind. Die Müdigkeit und Blässe, sind durch Blutarmut zu erklären.

B
Patient 1: Der finnische Begriff für Lebertran ist „Kalanmaksaöljyä". Der Patient kann stattdessen auch viel Seefisch und Milch zu sich nehmen.

Patient 2: Der Patient sollte viel Fisch, Milchprodukte oder Spinat und Nüsse essen, oder sein Gemüse mit Iodsalz würzen. Zudem sollte er zu der Rohkost ein Dressing oder Quark essen, um Vitamin A aufnehmen zu können.

Patient 3: Der Patient sollte viele Hülsenfrüchte, grünes Gemüse und Fleisch zu sich nehmen.

▶ Seite 64

1 Kompetenzbereich: E ☒ K ☐ F ☒ B ☐
Aufgabentyp: AA ☒ PA ☒ DA ☒

Individuelle Schülerantwort
Zum Beispiel: In den meisten nordeuropäischen Ländern liegt die Anzahl der ernährungsbedingten Todesfälle im Jahr 2016 bei unter 25.000. Deutschland und Russland haben mit über 100.000 Toten die höchsten Todeszahlen in Europa.
Hypothesenbeispiel: Es liegt an der unterschiedlichen Ernährungsweise oder Lebensweise der Bevölkerung. Nordeuropäer machen mehr Sport und essen gesünder.

2 Kompetenzbereich: E ☐ K ☐ F ☒ B ☐
Aufgabentyp: AA ☐ PA ☒ DA ☒

Individuelle Schülerantwort
Zu viel Nahrung, zu fettreiche Nahrung, zu wenig Bewegung, ...

3 Kompetenzbereich: E ☐ K ☐ F ☒ B ☐
Aufgabentyp: AA ☒ PA ☒ DA ☒

Nomaden lebten von der Nahrung, die sie in ihrer Umgebung fanden oder jagen konnten. Gab es länger keine Nahrung musste sich der Mensch von den Fettreserven ernähren, die sein Körper vorher angelegt hatte. Es war also ein Vorteil, wenn er diese schon bei wenig Nahrungszufuhr aufbaute. Ein Großstädter hat zu jederzeit Zugang zu ausreichender Nahrung und muss sich nicht viel bewegen, um diese zu bekommen. Er benötigt also keine Fettreserven am Körper mehr.

4 Kompetenzbereich: E ☐ K ☐ F ☒ B ☐
Aufgabentyp: AA ☒ PA ☒ DA ☐

Individuelle Schülerantwort
Generell ist die Ernährung eines Profisportlers oft sehr kohlenhydrathaltig, um die für den Sport notwendige Energie aufzunehmen.

Biomoleküle als Energieträger und Baustoffe

5 Kompetenzbereich: E ☐ K ☒ F ☒ B ☐
Aufgabentyp: AA ☒ PA ☒ DA ☐

Individuelle Schülerantwort
Lösungsbeispiel:

```
                    Nahrung
                   /       \
        Makronährstoffe    Mikronährstoffe
        (energiereich)     (energiearm)
        /    |    \         /       \
   Kohlen-  Fette  Proteine  Vitamine  Mineral-
   hydrate                  (organisch) stoffe (an-
                                        organisch)
```

Cornelsen/newVision! GmbH, Bernhard A. Peter, Pattensen

6 Kompetenzbereich: E ☐ K ☐ F ☒ B ☐
Aufgabentyp: AA ☐ PA ☒ DA ☐

Essenzielle Nahrungsbestandteile sind Stoffe, die mit der Nahrung aufgenommen werden müssen, da der Körper sie nicht selber herstellen kann.
Beispiele: Vitamine, Mineralstoffe, ungesättigte Fettsäuren, …

7 Kompetenzbereich: E ☒ K ☐ F ☒ B ☐
Aufgabentyp: AA ☒ PA ☒ DA ☒

1 Süßigkeiten, Alkohol
2 Öle/fettige Lebensmittel
3 Milchprodukte, Fisch, Fleisch, Eier
4 Getreideprodukte
5 Obst/Gemüse
6 Getränke

▶ Seite 65

8 Kompetenzbereich: E ☒ K ☐ F ☒ B ☒
Aufgabentyp: AA ☒ PA ☒ DA ☒

Individuelle Schülerantwort

9 Kompetenzbereich: E ☒ K ☐ F ☒ B ☐
Aufgabentyp: AA ☒ PA ☐ DA ☐

Individuelle Schülerantwort

10 Kompetenzbereich: E ☒ K ☒ F ☒ B ☒
Aufgabentyp: AA ☒ PA ☒ DA ☐

Individuelle Schülerantwort
Tipps für gesunde Ernährung:
Ausgewogen und abwechslungsreich essen, frisch Zubereiten, viel Gemüse und Obst, Getreideprodukte und Kartoffeln jeden Tag, Milch und Milchprodukte etwas seltener, Fleisch in Maßen, bei Fetten eher pflanzliche Fette und Öle verwenden, viel trinken, Menge des Essens an den Bedarf anpassen, täglich genug bewegen, …

11 Kompetenzbereich: E ☐ K ☐ F ☒ B ☐
Aufgabentyp: AA ☐ PA ☒ DA ☐

Bewegung, Körpergröße, Geschlecht, Klima, …

12 Kompetenzbereich: E ☐ K ☐ F ☒ B ☐
Aufgabentyp: AA ☐ PA ☒ DA ☐

Es kommt auch darauf an, alle lebensnotwendigen Stoffe zu sich zu nehmen, also auf Abwechslung zu achten. (Eventuell: Psychologischer Aspekt)

13 Kompetenzbereich: E ☐ K ☐ F ☒ B ☒
Aufgabentyp: AA ☐ PA ☒ DA ☒

Tierleid verhinden, Reduzierung der Tierhaltung aufgrund von Klimaschädlichen Gasen, Geschmack, Allergien, …

14 Kompetenzbereich: E ☒ K ☐ F ☒ B ☒
Aufgabentyp: AA ☒ PA ☒ DA ☒

Die Aussage stimmt so nicht, da in tierischen Produkten viele essenzielle Stoffe enthalten sind, die der Körper benötigt. Bei veganer Ernährungsweise muss sehr genau darauf geachtet werden, diese Stoffe in ausreichender Menge zuzuführen.

15 Kompetenzbereich: E ☐ K ☐ F ☒ B ☐
Aufgabentyp: AA ☐ PA ☒ DA ☐

Zum Beispiel: bestimmte Vitamine (Vitamin B12), Mineralstoffe (Iod, Eisen-Ionen), Proteine, Omega-3-Fettsäuren, …

16 Kompetenzbereich: E ☒ K ☐ F ☐ B ☐
Aufgabentyp: AA ☒ PA ☐ DA ☐

Individuelle Schülerantwort

17 Kompetenzbereich: E ☒ K ☐ F ☒ B ☐
Aufgabentyp: AA ☐ PA ☒ DA ☐

Babys und Kinder müssen noch sehr viel wachsen und sich entwickeln. Der Körper benötigt dafür alle notwenigen Stoffe aus der Nahrung. Es ist sehr schwirig diese über eine vegane Ernährung zu jeder Zeit in ausreichender Menge zu zuführen, um dem Kind eine gesunde Entwicklung zu ermöglichen.

Biomoleküle als Energieträger und Baustoffe

▶ **Seite 66**

1 Kompetenzbereich: E ☒ K ☐ F ☐ B ☐
Aufgabentyp: AA ☒ PA ☐ DA ☐

Individuelle Schülerantwort

2 Kompetenzbereich: E ☒ K ☐ F ☐ B ☐
Aufgabentyp: AA ☒ PA ☐ DA ☐

Bierflasche:
19,2 g × 29 kJ/g = 556,8 kJ
Weinflasche: 66 g × 29 kJ/g = 1914 kJ
Weinglas mit 100 mL:
1914 kJ / 750 mL × 100 = 255,2 kJ

3 Kompetenzbereich: E ☐ K ☐ F ☒ B ☐
Aufgabentyp: AA ☐ PA ☒ DA ☒

Alkohol und der darin enthaltene Ethanol enthalten eine relativ große Menge an Energie, welche vom Körper bei geringem Energiebedarf in Form von Fett gespeichert wird.
(Zudem fördert Alkohol den Appetit, wodurch man beim Alkoholkonsum zusätzlich vermehrt Nahrung aufnimmt.)

4 Kompetenzbereich: E ☐ K ☐ F ☒ B ☐
Aufgabentyp: AA ☐ PA ☒ DA ☒

Ethanol und seine Abbauprodukte schädigen die Organe und deren Zellen, vor allem die Leber ist betroffen. Zudem ist Alkohol in großen Mengen krebserregend. Fahruntüchtigkeit, etc...

▶ **Seite 67**

1 Kompetenzbereich: E ☒ K ☐ F ☒ B ☐
Aufgabentyp: AA ☒ PA ☒ DA ☐

In der Abbildung 1 sieht man das Verbreitungsgebiet der Inuit, welches sich über Grönland, Nordkanada und die nördliche USA erstreckt. Zum Teil liegen die Verbreitungsgebiete sogar innerhalb des Nordpolarkreises. Da es so weit im Norden vor allem in den Wintermonaten sehr wenig Sonne gibt und diese für die Vitamin-D-Produktion in unserem Körper benötigt wird, müssen die Inuit ihren Vitamin-D-Bedarf auf andere Art und Weise decken.

2 Kompetenzbereich: E ☒ K ☐ F ☐ B ☐
Aufgabentyp: AA ☒ PA ☐ DA ☐

Individuelle Schülerantwort

3 Kompetenzbereich: E ☐ K ☐ F ☒ B ☐
Aufgabentyp: AA ☐ PA ☒ DA ☐

Deckung des Vitamin-D-Bedarfs durch fischreiche Ernährung

4 Kompetenzbereich: E ☒ K ☐ F ☒ B ☐
Aufgabentyp: AA ☒ PA ☐ DA ☐

Individuelle Schülerantwort

5 Kompetenzbereich: E ☐ K ☐ F ☒ B ☐
Aufgabentyp: AA ☐ PA ☒ DA ☐

Die Ernährungsweise der Inuit ist sehr fettreich. Ein Mensch ohne spezielle Angepasstheit würde eventuell das Fett nicht gut verarbeiten, übergewichtig werden oder andere negative Auswirkungen einer fettreichen Ernährung aufweisen. Außerdem würde er zu wenig notwendige andere Nahrungsbestandteile zu sich nehmen.

▶ **Seite 68**

1 Kompetenzbereich: E ☒ K ☐ F ☒ B ☐
Aufgabentyp: AA ☐ PA ☒ DA ☐

Die Ergebnisse eines Versuchs sind nur dann vergleichbar, wenn bis auf die zu ändernde Variable alle Faktoren möglichst konstant gehalten werden. Bezogen auf den Zuckernachweis mit der Fehling-Probe heißt das, dass stets die gleiche Menge der verschiedenen Proben abgewogen und untersucht werden muss. Zudem sollten die Proben möglichst in der gleichen Form vorliegen, also z.B. als wässerige Lösung.

2 Kompetenzbereich: E ☒ K ☐ F ☒ B ☐
Aufgabentyp: AA ☐ PA ☒ DA ☒

Individuelle Schülerantwort
z.B. Feste Nahrungsmittel wie Kartoffeln können im Vorteld püriert und in Wasser gegeben werden.

3 Kompetenzbereich: E ☒ K ☐ F ☒ B ☐
Aufgabentyp: AA ☒ PA ☒ DA ☐

Individuelle Schülerantwort

4 Kompetenzbereich: E ☒ K ☐ F ☒ B ☐
Aufgabentyp: AA ☒ PA ☒ DA ☐

Individuelle Schülerantwort
Asche kann als Katalysator dienen und sorgt dafür, dass der Würfelzucker brennt, anstatt zu karamellisieren.

5	Kompetenzbereich: E ☒ K ☐ F ☒ B ☐
	Aufgabentyp: AA ☒ PA ☒ DA ☐

Individuelle Schülerantwort

6	Kompetenzbereich: E ☒ K ☐ F ☒ B ☐
	Aufgabentyp: AA ☒ PA ☐ DA ☐

Individuelle Schülerantwort

7	Kompetenzbereich: E ☒ K ☐ F ☒ B ☐
	Aufgabentyp: AA ☒ PA ☒ DA ☐

Individuelle Schülerantwort
Nüsse haben einen hohen Fettanteil und sind sehr energiereich.

▶ S. 69

1	Kompetenzbereich: E ☐ K ☐ F ☒ B ☐
	Aufgabentyp: AA ☒ PA ☒ DA ☐

Nummer	Lebensmittelgruppe
6	Getreideprodukte, Kartoffeln
3	Milch, Milchprodukte
1	Fette, Öle
2	Fleisch, Wurst, Fisch, Ei
4	Obst
5	Gemüse, Salat

2	Kompetenzbereich: E ☒ K ☐ F ☒ B ☒
	Aufgabentyp: AA ☒ PA ☒ DA ☐

Aus der Tabelle zu entnehmen ist, dass insbesondere die Menge an Tieren und tierischen Produkten viel zu hoch ist im Vergleich zur Ernährungsempfehlung. Getreideprodukte und Kartoffeln werden zu wenig verzehrt, wenngleich die Maßangabe „Sack Kartoffeln" keine sehr genaue Auskunft über die konkrete Menge gibt. Obst, Gemüse und Salat sollten ebenfalls in hohen Mengen täglich verzehrt werden, jedoch gibt die Tabelle keine Auskunft über die durchschnittliche Menge Obst, Gemüse und Salat, die ein Europäer verspeist. Fette und Öle sollten in deutlich geringeren Mengen zu sich genommen werden. 1500 kg Butter, 750 kg Margarine und einige 100 l Öl sind unter dieser Perspektive betrachtet zu viel, was sich auch in der Gesamtmenge von 2500 kg Fette zeigt. Nimmt man die Tabelle aus Aufgabe 4 zu Hilfe und legt für einen männlichen Europäer 2200 kcal pro Tag im Schnitt für ein 80jähriges Leben zugrunde, käme man auf etwas über 64 Mio. kcal. Die in der Tabelle angegebenen durchschnittlich aufgenommenen 90 Mio. kcal sind also in jedem Fall deutlich zu hoch.

3	Kompetenzbereich: E ☒ K ☒ F ☒ B ☐
	Aufgabentyp: AA ☒ PA ☐ DA ☐

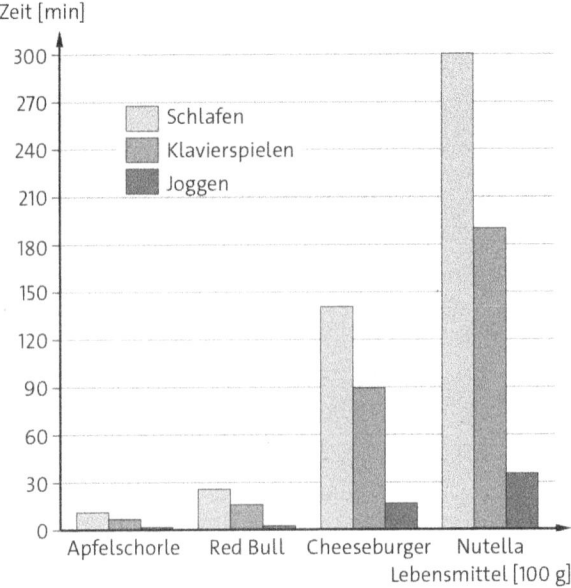

Cornelsen/newVision! GmbH, Bernhard A. Peter, Pattensen

4	Kompetenzbereich: E ☒ K ☒ F ☒ B ☐
	Aufgabentyp: AA ☒ PA ☒ DA ☐

A

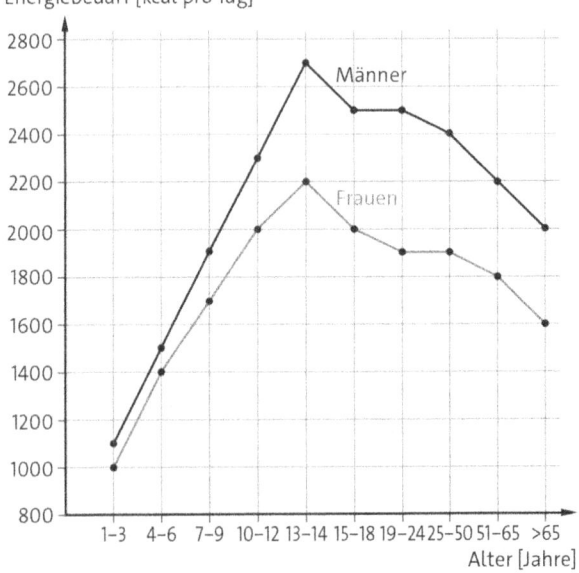

Cornelsen/newVision! GmbH, Bernhard A. Peter, Pattensen

B Sowohl bei Männern als auch bei Frauen steigt der Energiebedarf bis zur Pubertät deutlich an, fällt dann zunächst leicht ab, bleibt dann relativ konstant, um dann ca. ab der zweiten Lebenshälfte (ab 50 Jahren) weiter zu sinken und sich mit über 65 Jahren nochmal deutlich zu reduzieren. Kinder und Jugendliche haben aufgrund der Wachstums- und Entwicklungsprozesse sowie evtl.

auch aufgrund der hohen körperlichen Aktivität einen hohen Energiebedarf. Im fortgeschrittenen Alter nehmen Grund- und Gesamtumsatz ab, der Stoffwechsel wird träger, die Muskelmasse ist reduziert. Aus diesen Gründen ist auch der Energiebedarf nicht mehr so hoch. Die Unterschiede zwischen Männern und Frauen im Energiebedarf können auf Körpergröße, unterschiedliche Fettanteile und andere Hormonhaushalte zurückzuführen sein.

---

5 | **Kompetenzbereich:** E ☒ K ☐ F ☒ B ☐
Aufgabentyp: AA ☒ PA ☒ DA ☐

Der GI eines Lebensmittels hängt ab von ...
... der Verarbeitung der Lebensmittel (z.B. erhitzt oder nicht erhitzt).
... der Zubereitung der Lebensmittel (z.B. Kochdauer).
... der jeweiligen Obst- oder Gemüsesorte.
... der jeweiligen Zusammensetzung der zugeführten Nahrungsmittel bei einer Mahlzeit. (Fette oder Ballaststoffe parallel zugeführt können z.B. die Kohlenhydrataufnahme ins Blut verzögern).
... dem zusätzlichen Fettanteil im betreffenden Lebensmittel.
... dem Zuckeranteil im betreffenden Lebensmittel.
... dem Flüssigkeitsgehalt im betreffenden Lebensmittel.
... der Verarbeitungstemperatur (z.B. Salzkartoffeln vs. Pommes frites).

Stoff- und Energieumwandlung beim Menschen
(S. 71–89)

▶ **Seite 71**

1 Kompetenzbereich: E ☐ K ☐ F ☒ B ☐
Aufgabentyp: AA ☒ PA ☐ DA ☒

Individuelle Schülerantwort

2 Kompetenzbereich: E ☐ K ☐ F ☒ B ☐
Aufgabentyp: AA ☐ PA ☐ DA ☒

Individuelle Schülerantwort
Die Proteinmoleküle werden bei der Verdauung in ihre Grundbausteine zerlegt, aus denen der Körper neue Proteine aufbauen kann.

3 Kompetenzbereich: E ☐ K ☒ F ☒ B ☐
Aufgabentyp: AA ☒ PA ☐ DA ☒

Individuelle Schülerantwort
Stichwort: Laktoseintoleranz

4 Kompetenzbereich: E ☐ K ☐ F ☒ B ☐
Aufgabentyp: AA ☐ PA ☐ DA ☒

Individuelle Schülerantwort
In den Mitochondrien findet die Zellatmung statt.

5 Kompetenzbereich: E ☐ K ☐ F ☒ B ☐
Aufgabentyp: AA ☐ PA ☐ DA ☒

Individuelle Schülerantwort
Nahrungsmittelreste auf der Kleidung; Verdauungsvorgänge (Enzyme) können bei der Beseitigung von Flecken helfen

6 Kompetenzbereich: E ☐ K ☐ F ☒ B ☐
Aufgabentyp: AA ☒ PA ☐ DA ☒

Individuelle Schülerantwort

7 Kompetenzbereich: E ☐ K ☐ F ☒ B ☐
Aufgabentyp: AA ☒ PA ☐ DA ☒

Für Profis: *Individuelle Schülerantwort*
Um die energiereichen Moleküle, aus denen unsere Nahrung zum großen Teil besteht, für unsere Zellen nutzbar zu machen, muss die Nahrung zunächst zerkleinert werden. Zudem müssen größere Moleküle in kleinere zerlegt werden. Hierzu muss der Körper Energie aufwenden, um beispielsweise die Kaumuskulatur zu versorgen, den Nahrungsbrei durch unseren Körper zu transportieren, Magensäure und Verdauungsenzyme herzustellen und die chemischen Reaktionen in Gang zu setzen, die zum Aufschließen größerer Moleküle nötig sind. Die Verdauung selbst liefert keine Energie, sondern dient lediglich der Zerlegung der in der Nahrung enthaltenen Moleküle in kleinere Bestandteile, die von unserem Körper für den Aufbau körpereigener Moleküle oder zur Energiebereitstellung genutzt werden können. Die eigentliche Energie für die Lebensvorgänge wird in den Mitochondrien bereitgestellt (Bildung von ATP).

▶ **Seite 72**

1 Kompetenzbereich: E ☐ K ☐ F ☒ B ☐
Aufgabentyp: AA ☐ PA ☐ DA ☒

Individuelle Schülerantwort
Info zu den Präkonzepten: Abbildungen suggerieren oft, dass Enzyme „Körper" sind, die kleinere Moleküle fesseln. Deshalb denken manche Menschen, dass Enzyme „Zellen" oder „kleinere Organismen" sind, die die Stoffwechselreaktion durchführen. Tatsächlich sind Enzyme jedoch Stoffe und die abgebildeten „Körper" sind Symbole für diese Stoffe, genauer die Protein-Moleküle. Enzyme werden zwar von Lebewesen hergestellt, aber sie wirken auch im Reagenzglas, also außerhalb einer lebenden Zelle. Diese Vorstellung kommt daher, dass man von Stoffwechselprozessen, die mit Fermenten (früherer Name für Enzyme) ablaufen, glaubte, dass diese nur von diesen Lebewesen selbst durchgeführt werden können. Tatsächlich katalysieren lediglich die Protein-Moleküle die Stoffwechselreaktion, indem ein anderer Reaktionsweg beschritten wird. Diese Reaktion läuft dann schneller ab als die Reaktion ohne Enzym/Katalysator. Die Ursache ist die Wechselwirkung des Enzyms mit dem Substrat im Enzym-Substrat-Komplex, wodurch beispielsweise bei einer Spaltung die zu spaltende Bindung gelockert wird und infolgedessen dann für die eigentliche Bindungsspaltung eine geringere Aktivierungsenergie aufgewendet werden muss.
Auch Scheren sind nur Symbole für die Wirkweise eines Enzyms, tatsächlich sind Enzyme Nanowerkzeuge, die nicht nur schneiden, sondern auch umbauen oder zusammenbauen (kleben) können.

2 Kompetenzbereich: E ☒ K ☒ F ☒ B ☐
Aufgabentyp: AA ☒ PA ☐ DA ☐

Die Geschichte der Entdeckung der Enzyme
- Zu Beginn: sichtbares Auflockern von z.B. Brot mit Gärungsmitteln oder Sauerteig vom lateinischen Wort fermentum (Fermente: altes Wort für Enzyme)
- 1752: Verdauung ist ein rein mechanischer Zerkleinerungsprozess
- 1783: Magensaft von Greifvögeln kann Fleisch verflüssigen, da sie keinen Körner zerkleinernden Muskelmagen besitzen
- 1831: menschlicher Mundspeichel kann mehlige Stärke „verzuckern"

Stoff- und Energieumwandlung beim Menschen

- 1833: Fermente sind Stoffe, die bei einer Reaktion nicht verwandelt werden, deren Kontakt aber für die chemische Reaktion erforderlich ist
- 1835: Die Zuckerspaltung ist keine Stofftrennung, sondern ein chemischer Prozess unter Einwirkung katalytischer Kräfte
- 1837: Hefe ist ein nicht mit dem Auge sichtbarer Mikroorganismus
- 1862: Fermentation erfolgt durch die vitale Kraft von Mikroorganismen, allerdings geht diese Wirkung nicht mit dem Tod dessen verloren
- 1878: Einführung des „Enzymbegriffs" für „das im Sauerteig/im Hefeteig enthaltene"; unklar war immer noch, ob Enzyme auch außerhalb von lebenden Zellen ihre Wirkung entfalten.
- 1890: Substrate und Enzyme verhalten sich wie ein Schloss und der passende Schlüssel
- 1897: Enzyme sind nur Stoffe, die katalytisch auch ohne die lebenden Zellen wirken.
- 1908: Isolation von Enzymen, allerdings war die Stoffklasse immer noch unklar, manche Wissenschaftler glaubten, dass Enzyme aus Proteinen bestehen, andere gingen davon aus, dass die Proteine nur die Träger der eigentlichen Enzyme sind.
- 1926: Kristallisation des Enzyms Urease als ein pures Protein.
- 1930: Nachweis, dass auch Pepsin, Trypsin und Chymotrypsin aus purem Protein bestehen.
- 1930 bis 1939: Kristallisation weiterer Enzyme und erste Struktur-Funktions-Beziehungen und Erklärung der Funktionsweise von Enzymen

▶ Seite 73

3 Kompetenzbereich: E ☐ K ☐ F ☒ B ☐
Aufgabentyp: AA ☒ PA ☐ DA ☐

Betrachtet man die Primärstruktur, so sieht man die einzelnen aneinander über kovalente Bindungen (Peptidbindung) verbundenen Monomere, die Aminosäuren. Dies nennt man die Aminosäurensequenz. Wird eine Ebene weiter herausgezoomt, erkennt man die beiden möglichen Sekundärstrukturen (Faltblatt/Helix) aufgrund der wechselwirkenden Wasserstoffbrücken innerhalb einer oder zwischen zwei Polypeptid-Ketten. Da zwischen den Polypeptidketten weitere zwischenmolekulare Kräfte wirken, ergibt sich eine charakteristische räumlich Struktur, die Tertiärstruktur. Auf diese Weise ergibt sich jeweils eine typische dreidimensional räumliche Struktur eines bestimmten Proteinmoleküls.

4 Kompetenzbereich: E ☐ K ☒ F ☒ B ☐
Aufgabentyp: AA ☐ PA ☐ DA ☒

Die Aussage ist falsch, da Enzyme keine Zellen oder Lebewesen sind. Enzyme sind Proteinmoleküle, die auch ohne das entsprechende Lebewesen, das diese Proteine hergestellt hat, im Reagenzglas bestimmte chemische Reaktionen katalysieren und somit wirken können.

5 Kompetenzbereich: E ☐ K ☒ F ☒ B ☐
Aufgabentyp: AA ☐ PA ☐ DA ☒

Abb. 3 zeigt die dreidimensionale räumliche Struktur eines Simulationsprogramms
Stärke: räumlicher Bau und das aktive Zentrum/Substrattasche ist gut zu erkennen
Abb. 4 ist eine stärker schematisierte Abbildung, die den biochemischen Aufbau von Proteinen in verschiedenen jeweils vergrößerten/herausgezoomten Ebenen verdeutlicht
Stärke: Chemischer Bau ist besser zu verstehen und es ist erkennbar wie aus der Aminosäurekette durch Wechselwirkungen ein dreidimensionales Gebilde entstehen kann.
Schwächen jeweils umgekehrt.

6 Kompetenzbereich: E ☐ K ☒ F ☒ B ☐
Aufgabentyp: AA ☐ PA ☐ DA ☒

Für Profis: *Individuelle Schülerantwort*
Die Struktur eines Pepsinmoleküls ist sehr komplex und dreidimensional, mit einer Einstülpung. Eine mögliche Funktion wäre die eines Enzyms, da andere Moleküle in die Einstülpung, das aktive Zentrum, des Pepsinmoleküls eindringen können.

▶ Seite 74

1 Kompetenzbereich: E ☐ K ☒ F ☒ B ☐
Aufgabentyp: AA ☒ PA ☒ DA ☐

Die Ursache der Lactoseunverträglichkeit ist, dass diesen Menschen das Enzym für den Abbau der Lactose fehlt und in der Folge dann über anaerobe Abbauprozesse aus Lactose Gase wie Methan und Wasserstoff entstehen, die für die Bauchschmerzen und Blähungen verantwortlich sind. Das abgebildete Nahrungsergänzungsmittel in der Abb. 1 sind Lactase-Kapseln, also die lactoseabbauenden Enzyme in Kapselform zur oralen Aufnahme.

Die Aufgabe der Lactase-Kapseln bei der Spaltung eines Lactose-Moleküls ist die Katalyse der Spaltung der Bindung eines Glucose- und eines Galactose-Moleküls. Dabei wird durch die Wechselwirkung zwischen dem Substrat, dem Lactose-Molekül und dem aktiven Zentrum des Enzyms Lactose die Bindung gelockert (Enzym-Substrat-Komplex). In einem zweiten Schritt erfolgt dann unter Aufnahme eines Wassermoleküls die Spaltung des Lactose-Moleküls in ein Glucose- und ein Galactose-Molekül. Die beiden Produkte werden freigesetzt und das Enzym/Lactase-Molekül steht für ein weiteres Substrat-Molekül zur Verfügung.

2	Kompetenzbereich:	E ☒	K ☒	F ☒	B ☐
	Aufgabentyp:	AA ☒	PA ☒	DA ☐	

Für Profis: Als unsere Vorfahren im Norden Europas begannen, die Milch von Kühen als Nahrung zu nutzen, konnten einige Individuen diese durch eine zufällige Mutation besser vertragen als andere. Milch und Milchprodukte schienen dabei, auch aufgrund der durch die niedrigeren Temperaturen im Norden recht guten Haltbarkeit, für die Ernährung der Menschen in diesen Gebieten einen so großen Teil der Nahrung auszumachen, dass jene Personen, die sie auch im Erwachsenenalter noch gut vertrugen, einen Überlebensvorteil und damit einen höheren Fortpflanzungserfolg hatten. Die Mutation, die es erlaubt, Milch auch über die Kindheit hinaus zu vertragen, verbreitete sich daher erfolgreich in der Bevölkerung Mittel- und Nordeuropas.

▶ **Seite 75**

3	Kompetenzbereich:	E ☒	K ☒	F ☒	B ☐
	Aufgabentyp:	AA ☒	PA ☒	DA ☐	

Substratspezifität (Ein Enzym kann nur ein ganz bestimmtes Substrat umsetzen): S2 wird von Enzym E1 nicht umgesetzt, da das aktive Zentrum nicht entsprechend des Schlüssel-Schloss-Modells passt. (Auch S1 nicht von E3 usw). Nur E1 setzt S1 zu den Produkten P1 und P2 um.
Auch denkbar: E2 katalysiert die Reaktion von S3 und S4 zu P10
Wirkspezifität (Ein Enzym katalysiert nur eine ganz bestimmte Reaktion): S1 wird von E2 zu einem anderen Produkt P3 und P4 umgesetzt.

4	Kompetenzbereich:	E ☒	K ☒	F ☒	B ☐
	Aufgabentyp:	AA ☒	PA ☒	DA ☐	

Nur wenn der Bau des Substrates mit den Zacken in der Abbildung zur Form des aktiven Zentrums (zackige Einbuchtungen) passt, erfolgt eine ausreichende große Wechselwirkung, damit die Reaktion schneller katalysiert werden kann, da die zu spaltende Bildung gelockert wird. → Substratspezifität. Mit den anderen beiden Substraten erfolgt keine entsprechende Wechselwirkung und somit keine Reaktion.

5	Kompetenzbereich:	E ☒	K ☒	F ☒	B ☐
	Aufgabentyp:	AA ☒	PA ☒	DA ☐	

A Aussage ist richtig, da das Enzym über die Bindungslockerung einen anderen Reaktionsweg bedingt

B Aussage ist falsch, da Enzyme die Reaktion nichtbeschleunigen. Es sind zwei verschiedene Reaktionen und die enzymatisch katalysierte Reaktion läuft schneller ab als die ohne Enzym.

C Aussage ist falsch, da Verdauungsenzyme das Substrat, zum Beispiel Lactose, nicht in Glucose und Galactose spalten. Für die Bindungsspaltung ist Energie nötig, diese liefert nicht das Enzym. Besser sagt man: Das Enzym katalysiert die Spaltung des Substrats.

D Enzyme „liefern" keine Energie ist eine richtige Aussage, da sie lediglich Proteine sind, die keine Stoffwechselaktivität besitzen. Sie lockern nur die zu spaltende Bindung durch die Wechselwirkungen im Enzym-Substrat-Komplex, wofür aufgrund des alternativen Reaktionsweges eine geringere Aktivierungsenergie nötig ist. Ebenso muss für die folgende Spaltung der bereits gelockerten Bindung nochmals eine nur geringere Aktivierungsenergie aufgewendet werden.

E Richtige Aussage, da Enzyme an der Reaktion beteiligt sind und unverändert aus ihr hervorgehen.

6	Kompetenzbereich:	E ☐	K ☒	F ☒	B ☐
	Aufgabentyp:	AA ☒	PA ☒	DA ☐	

Die Kennzeichen eines Biokatalysators sind,
- dass er substrat- und wirkspezifisch ist (Schlüssel-Schloss-Modell)
- dass er unverändert aus der Reaktion hervorgeht
- dass er den Vorgang beschleunigt, weil ein alternativer Reaktionsweg mit einer geringeren Aktivierungsenergie beschritten wird.

▶ **Seite 76**

1	Kompetenzbereich:	E ☒	K ☐	F ☐	B ☐
	Aufgabentyp:	AA ☒	PA ☐	DA ☐	

Die Reaktion mit Enzymbeteiligung (Abb. B) benötigt weniger Aktivierungsenergie als die ohne Enzym (Abb. A). Die Energiebilanz, also der Energiebetrag der Reaktion selbst, ändert das Enzym NICHT. Enzyme liefern also keine Energie! Sie sparen nur Zeit, da der katalysierte Vorgang schneller abläuft, also die Endprodukte schneller geliefert werden als bei der nicht katalysierten Reaktion. Ursache ist die niedrigere Aktivierungsenergie, wodurch in kürzerer Zeit mehr Moleküle gespalten werden.

Erweiterung um den Energieaspekt:
Die Kennzeichen eines Biokatalysators sind,
- dass er substrat- und wirkspezifisch ist (Schlüssel-Schloss-Modell)
- dass er unverändert aus der Reaktion hervorgeht
- dass er den Vorgang beschleunigt, weil ein alternativer Reaktionsweg mit einer geringeren Aktivierungsenergie beschritten wird.

2	Kompetenzbereich:	E ☒	K ☐	F ☐	B ☐
	Aufgabentyp:	AA ☒	PA ☐	DA ☐	

Die enzymkatalysierte Reaktion läuft schneller ab, da ein alternativer Reaktionsweg beschritten wird. Es wird

Stoff- und Energieumwandlung beim Menschen

ein Enzym-Substrat-Komplex gebildet, wobei die Bindung zunächst nicht gleich gespalten, sondern erst nur gelockert wird. Die Reaktion zum Enzym-Substrat-Komplex benötigt nur wenig Aktivierungsenergie. Erst in der Folgereaktion dieses Komplexes mit Wasser wird die Bindung gespalten. Auch dafür ist wieder eine kleinere Aktivierungsenergie nötig, als wenn dies in nur einem Schritt bei der nicht-katalysierten Spaltung vgl. Abb. 2A erfolgen würde.

▶ Seite 77

3	Kompetenzbereich:	E ☒	K ☐	F ☒	B ☐
	Aufgabentyp:	AA ☒	PA ☒	DA ☐	

Die Darstellung suggeriert, dass Enzyme Lebewesen oder Zellen mit bestimmten Eigenschaften sind. Diese Vorstellung entsprach der Vorstellung bei der Erforschung, bevor man wusste, dass Enzyme nur Protein-Moleküle sind, die auch ohne die Zellen, die diese hergestellt haben, im Reagenzglas Reaktion katalysieren können.

4	Kompetenzbereich:	E ☒	K ☐	F ☒	B ☐
	Aufgabentyp:	AA ☒	PA ☒	DA ☒	

Individuelle Schülerantwort
Idee 1: Überprüfung der Kennzeichen des Lebendigen, wie Vermehrung, Wachstum, Bewegung, Reaktionsfähigkeit usw.
Idee 2: Abtöten der Lebewesen, die Enzyme besitzen und dann die Wirksamkeit der Enzyme testen, allerdings ist auf die Denaturierung durch hohe Temperaturen oder Säureeinwirkung der Proteine zu achten, bei der die Tertiärstruktur verändert wird.

5	Kompetenzbereich:	E ☒	K ☒	F ☒	B ☐
	Aufgabentyp:	AA ☒	PA ☒	DA ☐	

Das grüne Fahrzeug mit Öl/geölten Rädern entspricht dem Energiediagramm 1B mit einer geringeren Aktivierungsenergie in Gegenwart eines Enzyms. Bei geölten Rädern herrschen geringere Reibungsverluste, wodurch weniger Energie für das Bewegen des Rades bereitgestellt/aufgewendet werden muss. Genauso bedingt das Enzym durch den alternativen Reaktionsweg eine geringere Aktivierungsenergie, um die entsprechende Reaktion zu katalysieren.

6	Kompetenzbereich:	E ☒	K ☒	F ☒	B ☐
	Aufgabentyp:	AA ☒	PA ☒	DA ☐	

Bei geölten Rädern herrschen geringere Reibungsverluste, wodurch weniger Energie für das Bewegen des Rades bereitgestellt/aufgewendet werden muss. Genauso bedingt das Enzym durch den alternativen Reaktionsweg eine geringere Aktivierungsenergie, um die entsprechende Reaktion zu katalysieren.

Bergabfahrt entspricht einer exothermen Reaktion.
Fahrzeug entspricht dem Substrat und Produkt.
Öl/Ölkanne entspricht dem Enzym.
Stärke des Modells: Öl verringert die Reibungsverluste, wodurch weniger Energie für die Überwindung des Rollwiderstandes aufgewendet werden muss.
Schwäche des Modells:
Ölkanne ist die Zelle, in der das Enzym ist → Zelle/Lebewesen bewirkt etwas.
Fahrzeug ist Substrat und Produkt, das sich nicht ändert.
Alternatives Modell: Kugel, die einen höheren und niedrigeren „Energieberg" durch unterschiedliche Aktivierungsenergiemengen überwinden muss.

7	Kompetenzbereich:	E ☒	K ☒	F ☒	B ☐
	Aufgabentyp:	AA ☒	PA ☒	DA ☐	

Vorgehensweise: Einer Person wird zu Beginn eine bestimmte Menge Lactose verabreicht und alle 30 Minuten wird die Glucosekonzentration im Blut gemessen. Bei Personen, die lactosetolerant sind, wird die Lactose in Glucose abgebaut, da das Enzym Lactase vorhanden ist. Bei Personen, die nur eine verringerte Lactaseaktivität aufweisen, bleibt der Glucosegehalt im Blut mehr oder weniger konstant. Sie sind also laktoseintolerant und können Lactose nicht abbauen.

8	Kompetenzbereich:	E ☒	K ☒	F ☒	B ☐
	Aufgabentyp:	AA ☒	PA ☒	DA ☐	

Alternativ Abnahme der Lactosekonzentration im Blut mit der Zeit.

Lactosegehalt im Blut

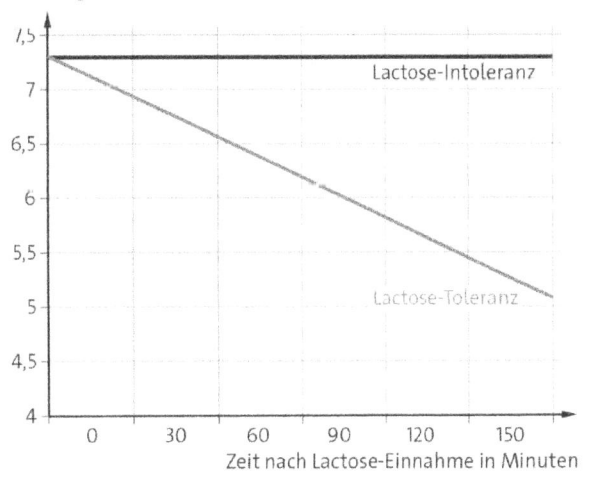

Cornelsen/newVision! GmbH, Bernhard A. Peter, Pattensen

Stoff- und Energieumwandlung beim Menschen

▶ Seite 78

1	Kompetenzbereich:	E ☐	K ☒	F ☒	B ☐
	Aufgabentyp:	AA ☒	PA ☒	DA ☐	

Das Diagramm zeigt die Enzymaktivität in Abhängigkeit von der Temperatur. Mit zunehmender Temperatur nimmt die Enzymaktivität fast linear bis zu einer Temperatur von 40°C zu; Bei 40°C ist ein Temperaturoptimum erreicht. Danach nimmt die Enzymaktivität exponentiell ab. Bei 60°C ist keine Enzymaktivität mehr zu erkennen.

2	Kompetenzbereich:	E ☒	K ☐	F ☒	B ☐
	Aufgabentyp:	AA ☒	PA ☒	DA ☐	

Aufgrund dessen, dass ab 42°C die Enzymaktivität abnimmt, nimmt auch die Aktivität der Enzyme, die die Krankheitserreger bekämpfen und für die Lebensvorgänge verantwortlich sind ab.

3	Kompetenzbereich:	E ☒	K ☐	F ☒	B ☐
	Aufgabentyp:	AA ☒	PA ☒	DA ☐	

Phenol (gelb/farblos) → Melanin (braun)
Enzym: Pheonoloxidase

Die Reaktionsgeschwindigkeit oder besser die Enzymaktivität wird gemessen, indem geschaut wird, bei welchen Temperaturen die Verfärbung von farblos/gelb nach braun innerhalb einer bestimmten Zeit erfolgt. (je höher die Temperatur, desto schneller ist die durchschnittliche Geschwindigkeit der Teilchen und somit umso größer die Wahrscheinlichkeit für erfolgreiche Zusammenstöße)

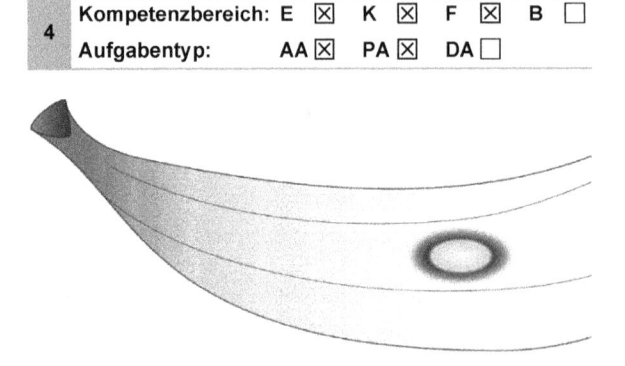

4	Kompetenzbereich:	E ☒	K ☒	F ☒	B ☐
	Aufgabentyp:	AA ☒	PA ☒	DA ☐	

Cornelsen/newVision! GmbH, Bernhard A. Peter, Pattensen

Erklärung *hellbrauner äußerer Ring*: die Temperatur der Flamme ist geringer, deshalb bewegen sich die Teilchen etwas schneller als weiter außen ohne Temperatureinwirkung und infolgedessen erfolgt eine Beschleunigung der Enzymreaktion Phenol zu Melanin. Weiter innen ist die Temperatur der Flamme heißer, also bewegen sich die Teilchen schneller und die Reaktionsgeschwindigkeit/die Enzymaktivität steigt, in der gleichen Zeit erfolgt eine *stärkere Braunverfärbung*, da in der gleichen Zeit mehr Produkte/Melanin entsteht. Weiter innen ist es so heiß, dass die Tertiärstruktur des Enzyms Phenoloxidase so verändert ist, dass das Substrat Phenol nicht mehr mit dem Enzym Phenoloxidase wechselwirken kann. Es findet also aufgrund der zerstörten Tertiärstruktur durch Temperatureinwirkung keine Reaktion mehr statt. Diese Stelle der Banane bleibt gelb.

5	Kompetenzbereich:	E ☒	K ☒	F ☐	B ☐
	Aufgabentyp:	AA ☒	PA ☒	DA ☐	

Für Profis:

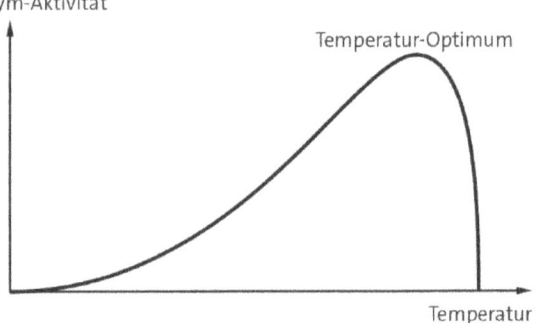

Cornelsen/newVision! GmbH, Bernhard A. Peter, Pattensen

▶ Seite 79

6	Kompetenzbereich:	E ☒	K ☐	F ☒	B ☐
	Aufgabentyp:	AA ☒	PA ☒	DA ☐	

Zu einer bestimmten Menge Lactase/Enzym wird jeweils eine immer größere Menge/Konzentration an Lactose/Substrat gegeben und die Reaktionsgeschwindigkeit/Enzymaktivität bestimmt. Das bedeutet, dass die Menge an Glucose, die in einer bestimmten Zeit entsteht, gemessen werden muss. Alternativ könnte auch die Abnahme der Lactosemenge pro Zeit bestimmt werden.
Fehlerquellen in der Durchführung könnten Messungenauigkeiten beim Ablesen und beim Einwiegen sein. Auch beim Ausrechnen der Enzymaktivität und dem Erstellen des Diagramms könnten Rechenfehler oder Skalierungsfehler auftreten. Fehler könnten auch erfolgen, wenn nicht immer die gleiche Menge an Enzymen eingesetzt wird, da dann zwei Faktoren variiert werden. Weitere denkbare Schülerlösungen möglich.

7	Kompetenzbereich:	E ☒	K ☐	F ☒	B ☐
	Aufgabentyp:	AA ☒	PA ☐	DA ☒	

Stark ansteigende Kurve: B

Abflachende Kurve: C

Gleichbleibende Kurve auf hohem Niveau: A

Die Forscherfrage „Je mehr, umso schneller? – Aber geht das bis ins Unendliche?" stimmt teilweise, denn, je mehr Substratteilchen, umso mehr Enzym-Substrat-

Stoff- und Energieumwandlung beim Menschen

Komplexe, umso schneller erfolgt die Reaktion zum Produkt. Sobald alle Enzyme in Wechselwirkung mit einem Substratteilchen stehen, erfolgt keine weitere Erhöhung der Reaktionsgeschwindigkeit, sie bleibt konstant. Alle Enzyme sind gesättigt, man spricht von einer „Sättigungskurve". Nur wenn sich ein Produkt löst, kann ein neues Substrat umgewandelt werden.

8	Kompetenzbereich: E ☒ K ☐ F ☒ B ☐
	Aufgabentyp: AA ☒ PA ☐ DA ☒

Bei geringer Substratteilchenzahl ist die Wahrscheinlichkeit für ein Zusammentreffen der Substrat- und Enzym-Moleküle geringer. Eine Erhöhung der Substratteilchenzahl steigert die Wahrscheinlichkeit der Entstehung eines Enzym-Substrat-Komplexes sehr stark. Wenn aber schon fast alle aktiven Zentren besetzt sind, bewirkt auch eine weitere Erhöhung der Substratteilchenzahl keine weitere Steigerung der Enzymaktivität/Reaktionsgeschwindigkeit. Nur wenn ein Enzymteilchen frei wird, kann ein neues Substratteilchen binden.

9	Kompetenzbereich: E ☒ K ☐ F ☒ B ☐
	Aufgabentyp: AA ☒ PA ☒ DA ☐

Das Auffüllen auf 2 ml und die Zugabe von 2 Tropfen Hefesuspension stellen sicher, dass die einzige Variable im Experiment die Menge an Wasserstoffperoxid ist, die zu untersuchende Größe. Die Zugabe von Spülmittel dient dazu, das entstehende Produkt zu binden und die entstehende Menge sichtbar und über die Schaummenge messbar zu machen, damit dann die Reaktionsgeschwindigkeit (entstandene Gasmenge pro Zeit) bestimmt werden kann.

10	Kompetenzbereich: E ☒ K ☒ F ☐ B ☐
	Aufgabentyp: AA ☒ PA ☒ DA ☐

Die untersuchte Größe (X-Achse) im Experiment ist die Substratkonzentration.

Die Y-Achse zeigt die Enzymaktivität der Katalase (gebildete Menge an Sauerstoff pro Zeit oder Schaumhöhe pro Zeit).

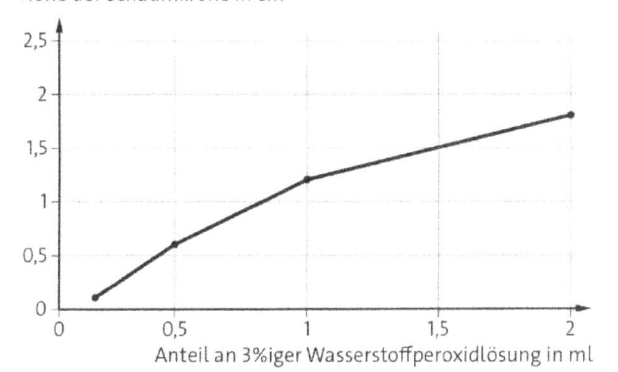

Cornelsen/newVision! GmbH, Bernhard A. Peter, Pattensen

11	Kompetenzbereich: E ☒ K ☐ F ☒ B ☐
	Aufgabentyp: AA ☐ PA ☒ DA ☐

Für Profis: *Individuelle Schülerantwort*

Beispiel für Reagenzglas 1:

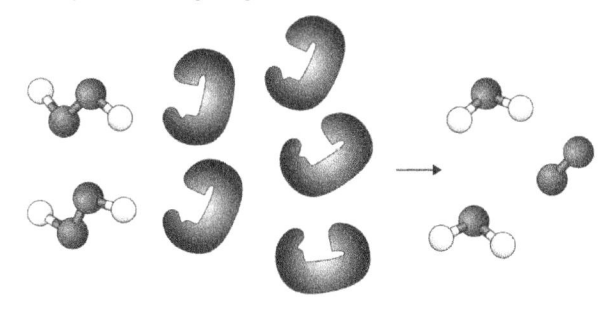

Cornelsen/newVision! GmbH, Bernhard A. Peter, Pattensen

Die Anzahl der Produkte und Edukte nimmt in den anderen Reagenzgläsern gemäß der Wasserstoffperoxidmenge im Verhältnis zu.

▶ Seite 80

1	Kompetenzbereich: E ☒ K ☒ F ☐ B ☐
	Aufgabentyp: AA ☒ PA ☐ DA ☒

Untersuchte Größe: Enzymaktivität der Katalase in Abhängigkeit vom pH-Wert

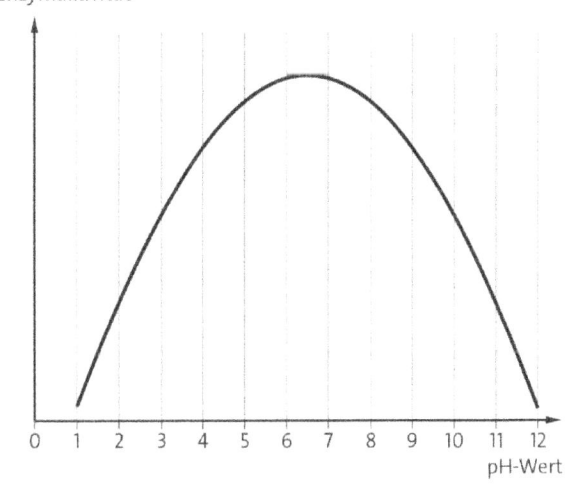

Cornelsen/newVision! GmbH, Bernhard A. Peter, Pattensen

2	Kompetenzbereich: E ☐ K ☐ F ☒ B ☐
	Aufgabentyp: AA ☒ PA ☒ DA ☐

Für Profis: Der pH-Wert hat Auswirkungen auf die Wechselwirkungen innerhalb des Katalasemoleküls. Nur im richtigen pH-Bereich kann die Katalase daher optimal funktionieren. Für Katalase liegt dieser Bereich zwischen einem pH-Wert von 6 und 7. Bei niedrigeren und höheren pH-Werten wird die Wirkung der Katalase zunächst schwächer und kommt dann gänzlich zum Erliegen.

3

| Kompetenzbereich: | E ☒ | K ☒ | F ☒ | B ☐ |
| Aufgabentyp: | AA ☒ | PA ☐ | DA ☒ | |

Pepsin im Magen, da Aktivitätsoptimum des Enzyms bei pH 2
Amylase im Mund, da Aktivitätsoptimum des Enzyms bei pH 7
Trypsin im Darm, da Aktivitätsoptimum bei pH 8–9

4

| Kompetenzbereich: | E ☐ | K ☐ | F ☒ | B ☐ |
| Aufgabentyp: | AA ☐ | PA ☒ | DA ☒ | |

Bei der Verdauung katalysieren die Enzyme die Reaktion der Substrate in die Produkte bei Körpertemperatur (begrenzte Aktivierungsenergie) in einer angemessenen Zeit/Geschwindigkeit. Da nicht alle Reaktionen am gleichen Ort erfolgen, besitzen unterschiedliche Enzyme verschiedene pH-Wert-Optima. Im Darminnenraum müssen die Substrat-Makromoleküle so stark zerkleinert werden, dass diese durch die Darmporen wandern können. Eigentlich entstehen dabei neue Produktteilchen, da chemische Reaktionen mit Bindungsspaltungen erfolgen und neue Stoffe entstehen, die allerdings kleiner sind und somit durch die Darmporen passen. Vorsicht, auch dieser Vorgang ist so nur vereinfacht gedacht und eigentlich viel komplizierter (Didaktische Reduktion an dieser Stelle!).

5

| Kompetenzbereich: | E ☐ | K ☐ | F ☒ | B ☐ |
| Aufgabentyp: | AA ☒ | PA ☒ | DA ☐ | |

Da Enzyme unverändert aus der Reaktion wieder hervorgehen, also nicht „verbraucht" werden, genügen nur wenige zum Katalysieren einer Reaktion.

6

| Kompetenzbereich: | E ☐ | K ☐ | F ☒ | B ☐ |
| Aufgabentyp: | AA ☒ | PA ☐ | DA ☐ | |

Für Profis: Enzyme und ihre Substrate sind passgenau wie Schlüssel und Schloss. Daher benötigt jedes Substrat ein eigenes Enzym. Zudem unterscheiden sich die Bedingungen innerhalb der verschiedenen Bereiche unseres Körpers zum Teil stark (pH-Wert, Temperatur etc.). Daher kann zum Beispiel ein Enzym im Mundraum nicht die gleiche Struktur besitzen wie im Magen, selbst wenn beide die gleiche Art von Substrat umsetzen.

7

| Kompetenzbereich: | E ☒ | K ☐ | F ☒ | B ☐ |
| Aufgabentyp: | AA ☒ | PA ☐ | DA ☐ | |

Für Profis: Daraus ergibt sich, dass Enzyme außerhalb von Lebewesen wirken können. Mit Blick auf den Comic mit Lars und Olga wird zudem die Fehlvorstellung widerlegt, dass Enzyme selbst Lebewesen sind.

▶ Seite 81

1

| Kompetenzbereich: | E ☐ | K ☐ | F ☒ | B ☐ |
| Aufgabentyp: | AA ☒ | PA ☒ | DA ☐ | |

In der Bauchspeicheldrüse werden Lipasen zur Fettverdauung sekretiert. Diese Lipasen können dabei helfen Fettflecken aus Kleidungsstücken zu entfernen.

▶ Seite 82

1

| Kompetenzbereich: | E ☒ | K ☒ | F ☒ | B ☐ |
| Aufgabentyp: | AA ☒ | PA ☐ | DA ☒ | |

Individuelle Schülerantwort
Offene Aufgabenstellung, um Kenntnisstand zu prüfen und Kommunikation zu unterschiedlichen Ansichten zu fördern.

2

| Kompetenzbereich: | E ☐ | K ☒ | F ☒ | B ☐ |
| Aufgabentyp: | AA ☒ | PA ☒ | DA ☐ | |

Makro- und Mikronährstoffe					
Makronährstoffe			Mikronährstoffe		Wasser
Kohlenhydrate (= Zucker)	Proteine (= Eiweiße)	Fette (= Lipide)	Vitamine	Mineralstoffe	Ballaststoffe
	Baustoffe	Baustoffe			
Betriebsstoffe	Betriebsstoffe				

3

| Kompetenzbereich: | E ☐ | K ☒ | F ☒ | B ☐ |
| Aufgabentyp: | AA ☐ | PA ☒ | DA ☐ | |

Die Hauptaufgabe des Verdauungssystems ist die Zerlegung der Nährstoffe in Ihre Bestandteile.

4

| Kompetenzbereich: | E ☒ | K ☒ | F ☒ | B ☒ |
| Aufgabentyp: | AA ☒ | PA ☒ | DA ☐ | |

Individuelle Schülerantwort
Der Begriff „gesund" wir häufig als Synonym für vollwertig verwendet. Das bedeutet, ein Nahrungsmittel enthält von allen Bestandteilen etwas bzw. eine angemessene Menge. Darüber hinaus ist zu beachten, wofür man dieses Nahrungsmittel verwenden möchte. Müsliriegel sind ideal, um dem Körper schnell Energie aus den vielen enthaltenen Kohlenhydraten zuzuführen. Fette und Eiweiße sind in geringem Maß hierfür ebenso sinnvoll. Die enthaltenen Ballaststoffe begünstigen die Verdauung.
Die vielen Kohlenhydrate können auch als Gegenargument für „gesund" herangezogen werden – bei der gegebenen Verwendung als schneller Energielieferant ist das aber eher unwichtig.

Stoff- und Energieumwandlung beim Menschen

▶ Seite 83

5 | Kompetenzbereich: E ☒ K ☒ F ☒ B ☒
Aufgabentyp: AA ☒ PA ☒ DA ☐

Individuelle Schülerantwort
Hypothese: Mit dem pH-Wert ändert sich die molekulare Struktur eines Enzyms, der räumliche Bau, und somit seine Fähigkeit Substrat an sich zu binden und umzubauen.
Am Bsp.: Bei einem pH-Wert von 3 hat die Säuregruppe (COOH-Gruppe) ein Proton (H+) aufgenommen. Dadurch wird die Wasserstoffbrückenbindung, die bei pH 7 noch vorliegt, gelöst. Folge ist eine veränderte Anordnung der Aminosäurekette – das Substrat kann schlechter oder nicht mehr an das Enzym gebunden werden.

6 | Kompetenzbereich: E ☐ K ☐ F ☒ B ☐
Aufgabentyp: AA ☐ PA ☒ DA ☐

Wichtige Gruppen:
Gemüse, Obst, Hülsenfrüchte, Nüsse, Vollkornprodukte

7 | Kompetenzbereich: E ☐ K ☒ F ☒ B ☐
Aufgabentyp: AA ☒ PA ☐ DA ☐

Ballaststoffe sind v.a. pflanzlichen Ursprungs. Unverdauliche Pflanzenstoffe wirken als Ballaststoffe, hier ist Zellulose ein wichtiges Beispiel. Ebenso als Ballaststoffe wirken Stoffe, die sehr stark quellend wirken. Hierzu zählen v.a. Samen wie Leinsamen, Chia usw.

8 | Kompetenzbereich: E ☐ K ☐ F ☒ B ☐
Aufgabentyp: AA ☒ PA ☐ DA ☐

Eine ausgewogene Ernährung versorgt den Körper mit ausreichend Energie, Baustoffen und Mikronährstoffen. Darüber hinaus tragen Ballaststoffe zu Verbesserung der Verdauung bei. Das Verdauungssystem arbeitet bei Vorhandensein von Ballaststoffen noch effizienter. Das trägt zu einer besseren Verwertung der Nahrungsbestandteile bei.

9 | Kompetenzbereich: E ☐ K ☐ F ☒ B ☐
Aufgabentyp: AA ☐ PA ☒ DA ☐

Gibt es für ein komplexes Molekül (wie z.B. Cellulose) kein passendes Enzym in unserem Körper, dann kann dieses Molekül nicht in seine Bausteine zerlegt werden. Aber nur kleinere Bausteine dieser Moleküle könnten im Anschluss im Körper zur Energiegewinnung verwendet werden.

10 | Kompetenzbereich: E ☐ K ☐ F ☒ B ☒
Aufgabentyp: AA ☐ PA ☒ DA ☐

Beide Lebensmittel sind weder gesund noch ausgewogen. Es dominiert jeweils ein Nährstoff. Zusätzlich enthält Schokolade zu viel Fett. Reiswaffeln enthalten allerdings einen hohen Anteil an Ballaststoffen, was verdauungsförderlich ist.

▶ Seite 84

1 | Kompetenzbereich: E ☐ K ☒ F ☒ B ☐
Aufgabentyp: AA ☒ PA ☒ DA ☐

Individuelle Schülerantwort
Aus dem Diagramm (z.B. Säulen) sollte hervorgehen, dass zunächst Energie aufgewendet wird (ggf. mit Negativwerten), erst nach der Resorption und Aufnahme in eine Körperzelle außerhalb des Verdauungstraktes wird Energie freigesetzt. Das Diagramm sollte die Gesamtbilanz aufzeigen. Die einzelnen Schritte (und Orte) des Abbaus können im Diagramm kenntlich gemacht werden.

2 | Kompetenzbereich: E ☐ K ☒ F ☒ B ☐
Aufgabentyp: AA ☒ PA ☒ DA ☐

Individuelle Schülerantwort
Es sollte deutlich werden, dass aus den drei Nährstoffgruppen pro 100g unterschiedlich viel Energie freigesetzt werden kann. Lipide enthalten pro 100g die meiste Energie.

3 | Kompetenzbereich: E ☒ K ☒ F ☒ B ☐
Aufgabentyp: AA ☒ PA ☒ DA ☐

Sinnvoll ist eine Erfassung der Schritte und Enzyme in einer Tabelle. Die Tabelle kann individuell für jede Nährstoffgruppe entworfen werden oder gemeinsam für alle Nährstoffgruppen. Aus der Tabelle sollte detailliert hervorgehen, dass sich deren Abbauwege deutlich unterscheiden.

4 | Kompetenzbereich: E ☐ K ☐ F ☒ B ☒
Aufgabentyp: AA ☒ PA ☐ DA ☐

Vorteile:
übersichtlich, vereinfacht (nur wesentliche Dinge enthalten), farbige Hervorhebungen machen Abläufe transparenter, ...

Nachteile:
Längenverhältnisse des Verdauungstraktes nicht naturgetreu abgebildet, Oberflächenvergrößerungen nicht berücksichtigt, keine Einbettung im Körper erkennbar, ...

▶ Seite 85

5	Kompetenzbereich:	E ☐	K ☒	F ☒	B ☐
	Aufgabentyp:	AA ☒	PA ☒	DA ☐	

A *Individuelle Schülerantwort*
Entwurf einer Tabelle in der die verschiedenen Abschnitte des Verdauungssystems als Zeilen der Tabelle aufgetragen werden (wie in der Übersicht der Seite 85). Es soll je eine Spalte für Zu- und Abführung geben, ganz unten die Summenspalte. In die Felder der Tabelle müssen dann nur noch die konkreten Werte eingetragen werden – das sorgt für hohe Übersichtlichkeit.

B *Individuelle Schülerantwort*
Es können 1 oder 2 Kreise als Lösung dienen – die kürzeste gesamte Dauer beträgt 9 Std., die längste über 24 Std. Beide können in 1 Kreis zusammengefasst oder in 2 getrennt aufgetragen werden.
Entscheidend ist das Bewusstsein, dass es keinen „Standarddurchlauf" gibt und der Aufenthalt des Speisebreis an den verschiedenen Orten des Verdauungssystems sehr unterschiedlich lang sein kann.

6	Kompetenzbereich:	E ☐	K ☐	F ☒	B ☐
	Aufgabentyp:	AA ☐	PA ☒	DA ☐	

a) Bedingt richtig; zusätzlich Aufnahme in die Lymphgefäße
b) Falsch (Enzyme bereits im Speichel)
c) Richtig
d) Falsch (im Dickdarm wirken keine Enzyme, da die Nährstoffe bereits in ihre Bausteine zerlegt wurden)
e) Falsch (die Rückgewinnung von Wasser in diesem Abschnitt ist ein entscheidender Schritt für den Wasserhaushalt des Menschen)

▶ Seite 86

1	Kompetenzbereich:	E ☐	K ☐	F ☒	B ☐
	Aufgabentyp:	AA ☒	PA ☒	DA ☐	

Vergrößerung auf drei verschiedenen Ebenen, die einander ergänzen: Falten, die Zotten besitzen - die Zotten wiederum enthalten zusätzlich Mikrovilli.
Gesamteffekt der Vergrößerung: die Oberfläche wird um das 600fache vergrößert auf ca. 200 qm.

2	Kompetenzbereich:	E ☐	K ☐	F ☒	B ☐
	Aufgabentyp:	AA ☒	PA ☒	DA ☐	

Begründung basiert immer auf der Konzentrationsverteilung der Stoffe an der Membran (vereinfachte Annahme: es sind passende Transportmechanismen vorhanden, die keine Energie verbrauchen).
Passiv: ein Stoff wechselt von der Seite höherer Konzentration auf die Seite niedrigerer Konzentration
Aktiv: umgekehrt

A Wasser: nach außen passiv, nach innen aktiv; Zucker: nach außen aktiv, nach innen passiv
B gleichmäßige Verteilung beider Stoffe auf beiden Seiten (aktives Gleichgewicht), daher erzeugt ein Wechsel auf die andere Seite immer eine höhere Konzentration auf der anderen Seite → immer aktiv
(vereinfachte Annahme, aktives Gleichgewichtsgeschehen wird dabei nicht berücksichtigt)
C Wasser: nach innen passiv, nach außen aktiv; Zucker: nach innen aktiv, nach außen passiv

▶ Seite 87

3	Kompetenzbereich:	E ☐	K ☒	F ☒	B ☐
	Aufgabentyp:	AA ☐	PA ☒	DA ☐	

Ein Proteinmolekül wird mithilfe von Enzymen in seine Bestandteile, Aminosäuremoleküle, gespalten.
Diese können durch die oberflächenvergrößerte Darmschleimwand in ein Blutgefäß aufgenommen (=resorbiert) und abtransportiert werden.

4	Kompetenzbereich:	E ☒	K ☒	F ☒	B ☐
	Aufgabentyp:	AA ☒	PA ☒	DA ☒	

Bei der Aufnahme der Nährstoffbausteine in die Blutgefäße hängt die Art des Transports durch die Zellen der Dünndarmwand von der Konzentration der Nährstoffbausteine im Blut und im Darminneren ab:
Liegt im Darminneren eine niedrige Konzentration der Nährstoffbausteine vor, in der Blutbahn eine höhere, dann müssen diese Nährstoffbausteine aktiv, unter Energieverbrauch, in das innere der Blutgefäße transportiert werden.
Ist es umgekehrt, erfolgt ein passiver Transport ohne Energieverbrauch.

5	Kompetenzbereich:	E ☒	K ☐	F ☒	B ☐
	Aufgabentyp:	AA ☐	PA ☒	DA ☐	

Hypothese: Es findet vorwiegend passiver Transport statt.
Begründung: Im Dünndarm werden durch Spaltung der Nährstoffe ständig neue Bausteine erzeugt (hohe Konzentration), in der Blutbahn werden die Bausteine durch den Blutfluss ständig abtransportiert und an vielen Stellen des Körpers an Zellen abgegeben.

6	Kompetenzbereich:	E ☐	K ☐	F ☒	B ☐
	Aufgabentyp:	AA ☒	PA ☒	DA ☐	

Wurzelhaare:
Die vielen sehr feinen Wurzelhaare an der Spitze der Hauptwurzel ermöglichen der keimenden Pflanze eine effektive Aufnahme von Wasser und anderen Stoffen aus dem Boden.
Die Wabenstruktur des Lüfters sorgt dafür, dass die Wärme über die größere Fläche deutlich schneller aus

Stoff- und Energieumwandlung beim Menschen

dem Lüfter entweichen kann als über eine einfache, glatte Fläche.
Gemeinsamkeiten: Bei beiden Beispielen bringt die Oberflächenvergrößerung einen deutlichen Vorteil, es geht bei beiden Beispielen um den Austausch mit der Umgebung
Unterschiede: Bei Wurzelhaaren geht es um den Austausch von Stoffen, beim Lüfter um die Abgabe von Wärme; einmal liegt eine künstliche Struktur vor, einmal eine natürliche.

7 | Kompetenzbereich: E ☐ K ☐ F ☒ B ☐
     | Aufgabentyp: AA ☒ PA ☐ DA ☐

Bei dieser Art der Symbiose umspannen Pilzhyphen die Wurzeln von Bäumen. Die beiden Organismen treten dabei in Kontakt und tauschen auch Stoffe aus.
Durch die Pilzhyphen wird die Oberfläche der Baumwurzeln deutlich vergrößert. Der Pilz nimmt Stoffe (z.B. Wasser) aus dem Boden auf und gibt diese an die Baumwurzeln weiter. Durch die vergrößerte Oberfläche kann der Baum sich deutlich besser mit diesen Stoffen versorgen als ohne die Hyphen.
Der Pilz bekommt durch den Stoffaustausch energiereiche Stoffe vom Baum, die bei der Fotosynthese entstehen und die er für seine Ernährung nutzt.

8 | Kompetenzbereich: E ☒ K ☐ F ☐ B ☐
     | Aufgabentyp: AA ☒ PA ☐ DA ☐

Individuelle Schülerantwort

▶ S. 88

1 | Kompetenzbereich: E ☒ K ☐ F ☒ B ☒
     | Aufgabentyp: AA ☒ PA ☒ DA ☒

A Zunächst muss das Wellpappmodell so gerollt werden, dass die gewellte Struktur in den Innenraum zeigt.

Bestandteile Modell	Analoge Struktur Dünndarm
Gewellte Fläche der Wellpappe	Darmzotten
Wellpappe Innenraum	Darmlumen
Glatte Fläche der Wellpappe	Darmaußenwand

Insgesamt zeigt das Modell Wellpappe, wie durch Faltung / Wellenform eine große Oberfläche auf kleinem Raum untergebracht werden kann. Misst man die Oberfläche auf der Wellenseite der Wellpappe aus, ohne die gewellte Fläche von der Unterlage zu lösen und ohne sie glatt zu strecken, so ergibt sich ein deutlich niedrigerer Wert, als wenn man die gewellte Fläche ablöst und glatt drückt, bevor man die Oberfläche erneut misst.

Bestandteile Modell	Analogie Struktur Dünndarm
Frotteehandtuch in Falten	Kerkringsche Falten
Webschlaufen	Darmzotten
Fasern	Mikrovilli

B Weder das Modell Wellpappe noch das Modell Frotteehandtuch können die Größenverhältnisse der beteiligten Strukturen des Darms, die Gewebestrukturen, den zellulären Aufbau oder subzelluläre Strukturen zeigen. Zudem sind Material und Farben vom Original verschieden. Das Modell Wellpappe zeigt keine an die große Oberfläche gekoppelte Funktion, wohingegen das Modell Frotteehandtuch den Prozess der erleichterten Wasseraufnahme – bedingt durch die große Oberfläche – zeigen kann. Dafür lässt sich beim Modell Wellpappe die absolute Oberfläche messen und berechnen. Das Modell Wellpappe zeigt nur analoge Strukturen bis zur Ebene der Darmzotten.
Weiterentwicklung der Modelle / Vorschläge Alternativmodelle = individuelle Schülerantworten.

2 | Kompetenzbereich: E ☒ K ☒ F ☒ B ☐
     | Aufgabentyp: AA ☒ PA ☒ DA ☐

A Ein Stück Frottee- und Leinenhandtuch derselben Größe werden in jeweils ein Becherglas mit der gleichen Menge Wasser getaucht und wieder herausgezogen. Die Menge Wasser in den beiden Bechergläsern wird vor und nach dem Tucheintauchen bestimmt.
B Durch die Webschlaufen und die Fasern des Frotteehandtuchs ergibt sich hier eine wesentlich größere Oberfläche als beim Leinentuch. Das Frotteehandtuch nimmt dementsprechend deutlich mehr Wasser auf als das Leinentuch. Im Dünndarm liegt eine analoge Oberflächenvergrößerung durch die Darmzotten und Mikrovilli vor. Somit besitzt der Dünndarm eine ideale Struktur, um seine Hauptfunktion, nämlich die Resorption von Nährstoffen und Wasser zu erfüllen.

3 | Kompetenzbereich: E ☒ K ☒ F ☒ B ☐
     | Aufgabentyp: AA ☒ PA ☒ DA ☒

Individuelle Schülerantwort
Man wiegt eine bestimmte Menge Wasser (z.B. 250 g) sowie eine bestimmte Menge Kleie (z.B. 50 g) ab und notiert das Gewicht. Danach wird das Wasser in die Kleie geschüttet und ca. 20–30 Minuten stehengelassen. Im Anschluss wird die Wasser-Kleie-Mischung filtriert und das Gewicht von Wasser und Kleie erneut bestimmt. Erwartetes Ergebnis: Das Gewicht des Wassers ist stark gesunken; das Gewicht der Kleie ist stark angestiegen. Rechnet man die beiden neuen Werte von Wasser und Kleie (also nach dem Filtrieren) zusammen, sollte annähernd die gleiche Menge in Gramm herauskommen (im obigen Bsp. 300g). Die Kleie, die sehr viele (vor allem unlösliche) Ballaststoffe enthält, hat viel Wasser gebunden.

4	Kompetenzbereich: E ☐ K ☐ F ☒ B ☐
	Aufgabentyp: AA ☐ PA ☒ DA ☐

α-Amylase ist – wie alle Enzyme – ein Protein und wird im sauren Milieu des Magens denaturiert und durch Proteasen abgebaut.

5	Kompetenzbereich: E ☒ K ☐ F ☒ B ☐
	Aufgabentyp: AA ☒ PA ☒ DA ☐

Hypothese 1: Es können sich eher Bakterien im Magen-Darm-System ansiedeln, weil die Magensäure fehlt, um diese unschädlich zu machen.
Hypothese 2: Es gibt Verdauungsprobleme von sehr proteinreicher Kost wie z.B. Fleisch, da die Proteine ohne ausreichende Säure nicht denaturiert werden und das Pepsinogen nicht ausreichend in seine aktive Form überführt wird.

6	Kompetenzbereich: E ☐ K ☒ F ☒ B ☒
	Aufgabentyp: AA ☒ PA ☒ DA ☐

1. Enzyme bestehen aus Proteinen.	falsch
2. Enzyme können sich durch Teilung vermehren.	falsch
3. Enzyme beschleunigen die Reaktionsgeschwindigkeit.	richtig
4. Die meisten Enzyme unseres Körpers haben ihr Temperaturoptimum bei Zimmertemperatur.	falsch
5. In einem biologischen Fachtext erkennt man Enzyme fast immer an der Endung „-ase".	richtig
6. Für die meisten Enzyme, die in der Biotechnologie benötigt werden, ist Gentechnik nötig.	richtig

Korrigierte Aussagen:
1. Enzyme sind hochspezialisierte Proteine.
2. Enzyme sind keine Zellen und können sich daher auch nicht durch Teilung vermehren.
4. Die meisten Enzyme unseres Körpers haben ihr Temperaturoptimum bei Körpertemperatur (37 Grad Celsius).

7	Kompetenzbereich: E ☒ K ☐ F ☒ B ☐
	Aufgabentyp: AA ☒ PA ☒ DA ☐

A Die Magensäure macht normalerweise Bakterien unschädlich bzw. zerstört sie.
B Helicobacter-Bakterien haben eine spezifische Schutzfunktion / Schutzschicht, mithilfe derer sie auch in stark saurem Milieu überleben und sich vermehren können.
C Die intensive Antibiotikagabe zerstört auch die Darmflora, indem sie dort ebenfalls die nützlichen Darmbakterien angreift und vernichtet.

8	Kompetenzbereich: E ☒ K ☒ F ☒ B ☐
	Aufgabentyp: AA ☒ PA ☒ DA ☐

A Temperatur, pH-Wert, Substratkonzentration
B Je höher die Temperatur, desto höher die katalytische Aktivität eines Enzyms, da höhere Temperaturen die Geschwindigkeiten von chemischen Reaktionen durch die größere Bewegungsgeschwindigkeit der Teilchen erhöhen.
Je niedriger der pH-Wert, desto schwächer die Enzymaktivität, weil Enzyme im stark sauren Milieu denaturiert werden.
Je höher die Substratkonzentration, desto höher die Enzymaktivität, weil die Wahrscheinlichkeit, dass Substratmoleküle und aktives Zentrum von Enzymmolekülen zusammentreffen, steigt.

▶ Seite 89

9	Kompetenzbereich: E ☒ K ☐ F ☒ B ☐
	Aufgabentyp: AA ☒ PA ☒ DA ☐

1c, denn dem hohen Druck des Mageninhalts hält der Ösophagussphinkter nicht stand.
2f, weil diese Disaccharide im Dickdarm osmotisch wirksam sind.
3a, weil beim anaeroben Abbau von Kohlenhydraten durch die Bakterien vor allem Methan und Kohlenstoffdioxid entsteht.
4b, weil die Magenschleimhaut dem übermäßigen Säurekontakt nicht dauerhaft standhalten kann.
5g, weil die Oberfläche der Darmschleimhaut enorm verringert ist.
6e, weil der Magen der erste Ort der Produktion von Proteasen (Pepsin bzw. Pepsinogen) ist.
7d, weil die Leber die für die Fettverdauung notwendige Gallenflüssigkeit produziert.

10	Kompetenzbereich: E ☒ K ☐ F ☒ B ☐
	Aufgabentyp: AA ☐ PA ☒ DA ☐

Fleischfressende Pflanzen produzieren Verdauungsenzyme, die insbesondere auch Proteine in ihre Bestandteile zerlegen können (Proteasen).

11	Kompetenzbereich: E ☒ K ☒ F ☒ B ☒
	Aufgabentyp: AA ☒ PA ☒ DA ☐

Versuch 1: Hängt die Enzymtätigkeit (hier: Amylase) von der Temperatur ab? Die Reagenzgläser unterscheiden sich nur in der Temperatur, d.h. die Temperatur ist die untersuchte (unabhängige) Variable.
Versuch 2: Können Amylase und Pepsin dieselben Nährstoffe (Kohlenhydrate = Stärkelösung; Proteine = Gelatinestreifen) umsetzen? Die Reagenzgläser unterscheiden sich zum einen in dem zugefügten Enzym (Amylase und Pepsin), zum anderen in dem angebote-

nen Nährstoff (Kohlenhydrate und Proteine). Reagenzglas 1 und 3 zeigen, ob Amylase Stärke und / oder Proteine umsetzt, Reagenzglas 2 und 4 zeigen, ob Pepsin Stärke und / oder Proteine umsetzt.

Versuch 3: Hängt die Enzymaktivität von Pepsin vom pH-Wert ab? Die Reagenzgläser unterscheiden sich – bedingt durch die zugefügte Menge an Zitronensaft oder Waschpulver – im pH-Wert. In den Gläsern mit Zitronensaft wird der pH-Wert erniedrigt, in den Gläsern mit Waschpulver wird der pH-Wert erhöht. Glas 3 liegt im pH-neutralen Bereich.

Gasaustausch und Atemgastransport im Blutkreislauf
(Seiten 90–113)

▶ S. 91

1	Kompetenzbereich: E ☐ K ☐ F ☒ B ☐
	Aufgabentyp: AA ☐ PA ☐ DA ☒

Atemvorgang: Nase, Mund, Rachen, Kehlkopf, Luftröhre, Lunge mit Bronchien, Bronchiolen, Lungenbläschen, Zwerchfell, Zwischenrippenmuskulatur.
Blutkreislaufsystem: Herz mit Herzkammern und Herzklappen, Venen, Arterien, Aorta, Blutkapillaren, Blut mit roten und weißen Blutkörperchen, Blutplättchen, Blutplasma.
Empfehlung: Alle Begriffe, die noch als Vorwissen in der Klassengemeinschaft vorhanden sind, in einer Mind-Map sammeln. Mindmaps so gestalten, dass sie von den SchülerInnen während des Kapitels ergänzt werden kann.

2	Kompetenzbereich: E ☒ K ☐ F ☐ B ☐
	Aufgabentyp: AA ☐ PA ☐ DA ☒

In der Ausatemluft befindet sich gasförmiges Wasser, das beim Ausatmen abkühlt und somit zu fein verteilten Wassertröpfchen (Nebel) wird.

3	Kompetenzbereich: E ☐ K ☐ F ☒ B ☒
	Aufgabentyp: AA ☐ PA ☐ DA ☒

Gasteilchen und evtl. ein Teil der Flüssigkeitsteilchen des Aerosols können von der Lunge in den Lungenbläschen in den Körper aufgenommen werden. Jedoch können die Feststoffteilchen und ggf. einige Flüssigkeitsteilchen des Aerosols nicht absorbiert werden und lagern sich in den Lungenbläschenwänden ab. Dies beeinträchtigt die Sauerstoffaufnahme in negativer Weise.

4	Kompetenzbereich: E ☒ K ☐ F ☒ B ☐
	Aufgabentyp: AA ☐ PA ☐ DA ☒

In den Muskelzellen wird Energie durch den Prozess der Zellatmung in den Mitochondrien bereitgestellt. Dazu sind u. a. Sauerstoffmoleküle als Edukte notwendig. Da das schnelle, anstrengende Laufen die Energiereserven aufbraucht, muss vermehrt Sauerstoff für die Zellatmung bereitgestellt werden. Dies kann nur durch eine beschleunigte Atmung für die schnellere Sauerstoffaufnahme und einen beschleunigten Herzschlag für die schnellere Sauerstoffverteilung im Körper erfolgen.

5	Kompetenzbereich: E ☒ K ☐ F ☒ B ☐
	Aufgabentyp: AA ☐ PA ☐ DA ☒

Bei einem Herzinfarkt wird ein Teil der Zellen der Herzmuskulatur unterversorgt. Der Herzmuskel kann dadurch nicht mehr seine komplette Pumpleistung aufbringen. Da nun weniger Blut durch das Kreislaufsystem gepumpt wird, gelangen auch weniger Sauerstoffmoleküle von den Lungenbläschen ins Blut bzw. vom Blut in die Körperzellen. Es kommt zu einer Unterversorgung.

▶ S. 92

1	Kompetenzbereich: E ☒ K ☐ F ☐ B ☐
	Aufgabentyp: AA ☒ PA ☐ DA ☐

Individuelle Schülerantwort
SchülerInnen beschreiben eigene Erfahrungen

2	Kompetenzbereich: E ☐ K ☒ F ☒ B ☐
	Aufgabentyp: AA ☒ PA ☒ DA ☐

Umgebungsluft → Nase → Rachen → Luftröhre → Bronchie → Bronchiolen → Lungenbläschen → Blut → rotes Blutkörperchen → Blutkapillare → Zelle → Mitochondrium

3	Kompetenzbereich: E ☐ K ☐ F ☒ B ☐
	Aufgabentyp: AA ☒ PA ☐ DA ☒

Zellatmung:
$C_6H_{12}O_6 + 6\ O_2 \rightarrow 6\ CO_2 + 6\ H_2O$
Während dieses Stoffwechselvorgangs wird die energiereiche Glucose mithilfe von Sauerstoff zu energiearmen Produkten abgebaut. Die dabei freigesetzte Energie stellt das Mitochondrium für Zellprozesse zur Verfügung.

▶ S. 93

4	Kompetenzbereich: E ☒ K ☒ F ☒ B ☐
	Aufgabentyp: AA ☒ PA ☒ DA ☐

A
Ausgangssituation: alle Teilchen einer Art befinden sich auf einer Seite, hohe Teilchendichte an den Wänden, keine Teilchen im Raum, keine Durchmischung der Teilchenarten
Endsituation: Teilchen beider Arten vermischt im gesamten Raum, gleiche Teilchendichte im ganzen Raum, Teilchenarten durchmischt
B
In der Nährlösung findet sich eine hohe Konzentration von Sauerstoffmolekülen, in der Zelle werden die Sauerstoffmoleküle bei der Zellatmung verbraucht, so dass hier eine niedrige Konzentration von Sauerstoffmolekülen herrscht. Dies entspricht der Ausgangssituation der Versuchsteilchen.
Durch Diffusionsvorgänge aufgrund der Eigenbewegung der Teilchen verteilen sich die Teilchen vom Raum mit der hohen Konzentration außerhalb der Zelle in die Zelle hinein. Dies entspricht den Bewegungen der Versuchsteilchen im Modellexperiment hin zur Endsituation.

Gasaustausch und Atemgastransport im Blutkreislauf

C
Berechnung der Ausbreitungsgeschwindigkeit: Mittelwert der vier Längenmessungen Δl berechnen und durch die Zeit in Sekunden teilen:

$$c = \frac{\Delta l}{t}$$

Sauerstoffteilchen haben eine niedrigere Ausbreitungsgeschwindigkeit als die Versuchsteilchen. Denn sie sind kleiner, haben eine geringere Masse und sind weiter voneinander entfernt.
Der Größenverhältnisse sind im Modell jedoch falsch dargestellt, wodurch das Ergebnis der Ausbreitungsgeschwindigkeit der Versuchsteilchen verfälscht wird.

D
Das Versuchsergebnis wird nach 30 Minuten dem nach den ersten zehn Minuten stark ähneln. Die Teilchen bewegen sich immer weiter, jedoch werden sie weiterhin im gesamten zur Verfügung stehenden Raum und damit gleichmäßig verteilt sein.

5 Kompetenzbereich: E ☒ K ☒ F ☐ B ☐
Aufgabentyp: AA ☒ PA ☒ DA ☐

Wichtiger Hinweis für den Unterricht: In Abbildung 3 müsste auch eine Ablenkung an den Lipid-Schwänzchen stattfinden und der Pfeil, der die Bewegung des Sauerstoffteilchens symbolisiert, darf natürlich nicht das Lipid-Köpfchen kreuzen, sondern würde auch hier abgelenkt werden.

Die Sauerstoffteilchen (rot) bewegen sich aufgrund der Eigenbewegung bei Körpertemperatur und stoßen dabei auf andere Teilchen, wodurch sie abgelenkt werden. Auch durch die Membran können sie durch diese Richtungsänderung zufällig gelangen. Dabei verteilen sie sich so im Raum, dass sie auf beiden Seiten der Membran gleichmäßig verteilt vorkommen.

6 Kompetenzbereich: E ☒ K ☐ F ☒ B ☐
Aufgabentyp: AA ☒ PA ☒ DA ☐

Länge Fußballfeld: 105 m

$$t(X) = \frac{s(X)}{c(X)}$$

c(X) = zuvor berechnete mittlere Diffusionsgeschwindigkeit des Klassenexperiments
z.B. für Sauerstoff:
Diffusionsgeschwindigkeit (O2): 4,6 x 10-5 m/s

$$t(O_2) = \frac{s(O_2)}{c(O_2)} = \frac{105\ m}{4,6 \cdot 10^{-5}\ m/s}$$
$$= 2282608{,}7\ s$$
$$= 634\ h$$

7 Kompetenzbereich: E ☒ K ☐ F ☒ B ☐
Aufgabentyp: AA ☒ PA ☐ DA ☐

Kantenlänge 1 mm
Oberfläche: 1 x 1 x 6 mm² = 6 mm²
Volumen: 1 x 1 x 1 mm³ = 1 mm³
Oberfläche-Volumen-Quotient = 6 mm⁻¹

Kantenlänge 2 mm
Oberfläche: 2 x 2 x 6 mm² = 24 mm²
Volumen: 2 x 2 x 2 mm³ = 8 mm³
Oberfläche-Volumen-Quotient = 3 mm⁻¹

Kantenlänge 4 mm
Oberfläche: 4 x 4 x 6 mm² = 96 mm²
Volumen: 4 x 4 x 4 mm³ = 64 mm³
Oberfläche-Volumen-Quotient = 1,5 mm⁻¹

8 Kompetenzbereich: E ☒ K ☐ F ☒ B ☐
Aufgabentyp: AA ☒ PA ☒ DA ☐

Je größer eine Zelle wird, umso länger werden die Diffusionsstrecken innerhalb der Zelle. Die benötigte Zeit für die Diffusion steigt mit zunehmender Entfernung jedoch überproportional an. Gleichzeitig nimmt die Oberfläche im Verhältnis zum Volumen ab. Es steht somit verhältnismäßig weniger Oberfläche für den Stoffaustausch zur Verfügung. Der Stofftransport mithilfe der Diffusion ist aus diesen Gründen nur bis zur einer gewissen Zellgröße möglich.

9 Kompetenzbereich: E ☒ K ☐ F ☒ B ☐
Aufgabentyp: AA ☒ PA ☒ DA ☐

Durch die flache Körperform besitzen die Plattwürmer eine verhältnismäßig große Körperfläche. Zudem sind die Diffusionswege durch den flachen Bau kurz, sodass die Diffusion für die Versorgung des Plattwurms mit Sauerstoff ausreicht.

▶ S. 94

1 Kompetenzbereich: E ☐ K ☐ F ☒ B ☐
Aufgabentyp: AA ☐ PA ☒ DA ☒

- Große Oberflächen ermöglichen einen Austausch von mehr Atemgas-Molekülen pro Zeiteinheit.
- Kurze Diffusionsstrecken führen zu einem schnelleren Austausch der Atemgas-Moleküle, da die Diffusionsgeschwindigkeit mit zunehmender Strecke stark abnimmt.
- Der Austausch des Atemmediums ist notwendig, um einen hohen Konzentrationsgradienten zwischen den Atemgas-Molekülen aufrecht zu halten. Der Konzentrationsgradient ist die Triebkraft der Diffusion.
- Ein schneller Transport im Körper durch ein effektives Transportsystem (Blutkreislauf) ist notwendig, damit

die Atemgas-Moleküle schnell zu den Zielzellen gelangen bzw. von ihnen wegtransportiert werden können.

2 Kompetenzbereich: E ☒　K ☒　F ☒　B ☐
Aufgabentyp:　　AA ☒　PA ☒　DA ☐

Die Sauerstoffmoleküle aus der Atemluft diffundieren aufgrund des Konzentrationsgefälles aus den Lungenbläschen in die Lungenkapillaren und werden mit dem Blut abtransportiert. Zugleich diffundieren die Kohlenstoffdioxidteilchen aus den Lungenkapillaren in die Lungenbläschen und werden mit der Atemluft schließlich ausgeatmet.

3 Kompetenzbereich: E ☐　K ☐　F ☒　B ☐
Aufgabentyp:　　AA ☐　PA ☒　DA ☐

Für Profis: Ein Transportmolekül für die Atemgase ist nötig, da über die Diffusion sonst nur sehr wenige Sauerstoffteilchen in das Blut gelangen, sich in ihm lösen und transportiert werden würden.

4 Kompetenzbereich: E ☐　K ☐　F ☒　B ☐
Aufgabentyp:　　AA ☐　PA ☒　DA ☐

a) Bei der Zellatmung entstehen Kohlenstoffdioxidmoleküle, die sich in der Zelle ansammeln. Die Konzentration an Kohlenstoffdioxidmolekülen ist somit in den Gewebezellen größer als in den angrenzenden Blutkapillaren. Dem Konzentrationsgefälle folgend diffundieren daher die Kohlenstoffdioxidmoleküle aus den Zellgewebe ins Blut und werden mit dem Blut abtransportiert.
b) Die Konzentration an Kohlenstoffdioxidmolekülen in den Lungenkapillaren ist höher als in den Lungenbläschen. Dem Konzentrationsgefälle folgend diffundieren daher die Kohlenstoffdioxidmoleküle aus den Blutkapillaren in die Lungenbläschen und werden ausgeatmet.

▶ S. 95

1 Kompetenzbereich: E ☒　K ☒　F ☒　B ☐
Aufgabentyp:　　AA ☒　PA ☒　DA ☐

Individuelle Schülerantwort
Das Zwerchfell müsste unterhalb der Rippen liegen und den Brustkorb abschließen.

2 Kompetenzbereich: E ☒　K ☐　F ☒　B ☐
Aufgabentyp:　　AA ☒　PA ☒　DA ☐

Für Profis: Die Muskulatur des Brustkorbs müsste diagonal zwischen den Rippen verlaufen, um diese entsprechend der Bewegung des Modells zusammenziehen zu können.

Cornelsen/newVision! GmbH, Bernhard A. Peter, Pattensen

3 Kompetenzbereich: E ☒　K ☒　F ☐　B ☐
Aufgabentyp:　　AA ☒　PA ☒　DA ☐

Individuelle Schülerantwort

4 Kompetenzbereich: E ☐　K ☒　F ☒　B ☐
Aufgabentyp:　　AA ☒　PA ☒　DA ☐

Durch Anspannung der Zwischenrippenmuskulatur hebt sich der Brustkorb und das Volumen des Brustraums vergrößert sich. Dabei strömt Luft in die Lunge ein. Anschließend entspannt sich die Zwischenrippenmuskulatur, der Brustkorb senkt sich und das Volumen des Brustraums verkleinert sich. Die Luft strömt aus der Lunge heraus.

5 Kompetenzbereich: E ☒　K ☒　F ☒　B ☐
Aufgabentyp:　　AA ☒　PA ☒　DA ☐

PET-Flasche: Brustkorb
Luftballon: Lunge
halber Luftballon: Zwerchfell

6 Kompetenzbereich: E ☒　K ☒　F ☒　B ☐
Aufgabentyp:　　AA ☒　PA ☒　DA ☐

Durch das Absenken des Zwerchfells vergrößert sich das Lungenvolumen und Luft strömt in die Lunge. Durch das Anheben des Zwerchfells verkleinert sich das Lungenvolumen und Luft strömt aus der Lunge.

Gasaustausch und Atemgastransport im Blutkreislauf

7 Kompetenzbereich: E ☒ K ☒ F ☒ B ☐
Aufgabentyp: AA ☒ PA ☒ DA ☐

Individuelle Schülerantwort

9 Kompetenzbereich: E ☒ K ☒ F ☒ B ☐
Aufgabentyp: AA ☒ PA ☒ DA ☐

Beobachtung: Ohne Wasser lässt sich der obere Glasgegenstand horizontal und vertikal bewegen, also abheben und verschieben. Mit Wasser können die Gläser nur horizontal gegeneinander verschoben werden.
Erklärung: Befindet sich ein Wasserfilm zwischen den Glasscheiben, haften diese aneinander, lassen sich jedoch noch zueinander verschieben. Hierfür sind die zwischenmolekularen Anziehungskräfte zwischen den Wassermolekülen verantwortlich.

10 Kompetenzbereich: E ☒ K ☒ F ☒ B ☒
Aufgabentyp: AA ☒ PA ☒ DA ☒

Der Pleuraspalt sorgt für eine flexible Verbindung des Rippen- und Lungenfells. Er hilft dadurch die Bewegungen des Rippenfells auf das Lungenfell zu übertragen und ermöglicht damit die Atmung.
Kommt bei einem Pneumothorax Luft in den Pleuraspalt ist dies nicht mehr möglich und der Körper kann keine Luft in den betroffenen Lungenflügel ziehen, da der Unterdruck, den Zwerchfell und Brustkorb erzeugen, nicht übertragen wird.

11 Kompetenzbereich: E ☐ K ☐ F ☒ B ☐
Aufgabentyp: AA ☐ PA ☒ DA ☐

Bei einem Pneumothorax gelangt Luft zwischen Rippen- und Lungenfell. Die Verbindung der beiden Felle durch die Gewebsflüssigkeit geht dabei verloren und die Lunge folgt nicht mehr den Bewegungen des Brustkorbs und kollabiert im schlimmsten Fall. Der vom Brustkorb und dem Zwerchfell erzeugte Unterdruck wird nicht mehr auf den Lungenflügel übertragen, sodass keine Luft mehr in die Lungenbläschen eingezogen wird. Dadurch ist die betroffene Lunge nur noch eingeschränkt bzw. nicht mehr funktionsfähig. Als Resultat leidet der Körper unter Sauerstoffmangel, was zu Atemnot- und Todesangstsymptomen beim Betroffenen führt.

▶ S. 96

1 Kompetenzbereich: E ☒ K ☒ F ☒ B ☐
Aufgabentyp: AA ☒ PA ☒ DA ☐

Das Diagramm zeigt das Luftvolumen in der Lunge in Abhängigkeit von der Zeit in Sekunden. In den ersten etwa 10 Sekunden wird die Atmung in Ruhe dargestellt. Das Luftvolumen in der Lunge schwankt hier rhythmisch zwischen 2,5 und 3 Litern. Dieser Bereich (0,5 Liter) wird als Atemzugvolumen bezeichnet. Im weiteren Verlauf sind die Luftvolumina der maximalen Einatmung (6 Liter) und die der maximalen Ausatmung (1,3 Liter) dargestellt. Die Amplitude dieses Ausschlags wird als Vitalkapazität bezeichnet.

Das Atemzugvolumen ist das Volumen an Luft, dass eine Person während eines normalen Atemzugs ein- und ausgeatmet.
Die Vitalkapazität ist das maximale Volumen an Luft, das von dem Menschen ein- und ausgeatmet werden kann.

2 Kompetenzbereich: E ☒ K ☐ F ☐ B ☐
Aufgabentyp: AA ☒ PA ☒ DA ☐

Individuelle Schülerantwort

3 Kompetenzbereich: E ☒ K ☐ F ☐ B ☐
Aufgabentyp: AA ☐ PA ☐ DA ☐

Das maximale Volumen, dass von der Lunge aufgenommen werden kann liegt etwa bei 6 Litern

4 Kompetenzbereich: E ☒ K ☐ F ☐ B ☐
Aufgabentyp: AA ☒ PA ☐ DA ☐

300 Millionen Lungenbläschen
0,1–0,3 mm Durchmesser
Oberfläche einer Kugel: $A = 4 \cdot \pi \cdot r^2$

$A_1 = 4 \cdot \pi \cdot (0{,}05 \text{ mm})^2 \cdot 300 \text{ Mio} = 9{,}42 \cdot 10^6 \text{ mm}^2$
$A_2 = 4 \cdot \pi \cdot (0{,}15 \text{ mm})^2 \cdot 300 \text{ Mio} = 84{,}82 \cdot 10^6 \text{ mm}^2$

Die Gesamtfläche der Alveolen liegt zwischen 9,42 und 84,82 m².

Fläche des Klassenzimmers: *Individuelle Schülerantwort*

5 Kompetenzbereich: E ☒ K ☐ F ☐ B ☐
Aufgabentyp: AA ☒ PA ☐ DA ☐

Oberfläche der Innenseite des Becherglases = Fläche des Bodens + Umfang der Grundfläche · Höhe des Becherglases

$$A = \pi \cdot r^2 + 2\pi \cdot r \cdot h$$

Individuelle Schülerantwort (abhängig von der Höhe des Becherglases)

6 Kompetenzbereich: E ☒ K ☐ F ☐ B ☐
Aufgabentyp: AA ☒ PA ☐ DA ☐

Individuelle Schülerantwort

7	Kompetenzbereich:	E ☒	K ☐	F ☐	B ☐
	Aufgabentyp:	AA ☒	PA ☐	DA ☐	

Zunächst wird ermittelt wie viele Kugeln auf der Grundfläche des Glases Platz finden:

$$n_{GF} = \frac{\pi \cdot r^2 \text{ (Becherglas)}}{\pi \cdot r^2 \text{ (Kugel)}} = \frac{r^2 \text{ (Becherglas)}}{r^2 \text{ (Kugel)}}$$

Anzahl an Kugeln auf Grundfläche = Grundfläche Glas/Fläche einer Kugel

Anschließend wird berechnet, wie viele Kugeln übereinander ins Becherglas passen:

$$n_H = \frac{h \text{ (Becherglas)}}{2 \cdot r \text{ (Kugel)}}$$

Anzahl der Kugeln in der Höhe = Höhe des Becherglases/Durchmesser der Kugel

Das Ergebnis wird mit der Anzahl der Kugeln multipliziert, die auf der Grundfläche Platz finden:

$$n_{gesamt} = n_{GF} \cdot n_H$$

Gesamtzahl der Kugeln = Anzahl der Kugeln auf der Grundfläche · Anzahl der Kugeln in der Höhe

Die Gesamtoberfläche der Kugeln beträgt dann:

$$A_{gesamt} = n_{gesamt} \cdot A_{Kugel} = 4 \cdot \pi \cdot r^2$$

Gesamtoberfläche = Gesamtzahl der Kugeln · Kugeloberfläche

8	Kompetenzbereich:	E ☒	K ☐	F ☒	B ☐
	Aufgabentyp:	AA ☒	PA ☒	DA ☐	

Der Versuch verdeutlicht die Oberflächenvergrößerung der Lunge durch die Lungenbläschen.
Das Becherglas stellt hierbei die gesamte Lunge dar, die Kugeln die Lungenbläschen.

9	Kompetenzbereich:	E ☒	K ☐	F ☒	B ☒
	Aufgabentyp:	AA ☒	PA ☒	DA ☐	

Individuelle Schülerantwort
z.B.:
- Das Becherglas ist starr, die Lunge dagegen kann sich ausdehnen und zusammenziehen.
- Die Berechnungen berücksichtigen nicht die Packungsdichte der Kugeln: Die Kugeln werden in der Theorie gestapelt, füllen aber in Realität die Vertiefungen beim Stapeln mehrerer Lagen.

▶ S. 97

1	Kompetenzbereich:	E ☒	K ☒	F ☐	B ☐
	Aufgabentyp:	AA ☒	PA ☐	DA ☐	

Rußpartikel von Hausheizungs-, Industrie-, Autoabgasen und Feuerwerk, Gummipartikel von Reifenabrieb, Aerosolpartikel aus der Landwirtschaft, etc.

2	Kompetenzbereich:	E ☒	K ☒	F ☐	B ☐
	Aufgabentyp:	AA ☒	PA ☒	DA ☐	

Mögliche Folgen: Schleimhautreizungen, lokale Entzündungen in der Luftröhre oder den Lungenalveolen, erhöhtes Thromboserisiko etc.

Die Kategorien PM10 und PM2,5 geben Auskunft über die Größe der Feinstaubpartikel. Je kleiner die Partikel, umso tiefer können sie beim Einatmen in den Körper vordringen. PM10 bis zur Nasenhöhle, PM2,5 bis in die Lungenbläschen. Noch kleinere Partikel bis in das Lungengewebe und den Blutkreislauf.

3	Kompetenzbereich:	E ☒	K ☐	F ☒	B ☒
	Aufgabentyp:	AA ☒	PA ☒	DA ☐	

Individuelle Schülerantwort z.B.:
Ein Feuerwerk wirkt sich negativ auf die Umwelt aus, da diese einer großen Feinstaubbelastung ausgesetzt wird, die im Fall von Silvester flächendeckend ist (ökologischer Aspekt). Dabei erfolgt keine Wertschöpfung (ökonomischer Aspekt). Aus kultureller Sicht gehört das Silvesterfeuerwerk zu einer Tradition, das sich nicht negativ auf die Gesundheit der Gesellschaft auswirkt, und den sozialen Zusammenhalt von Familien- und Freundeskreisen oder ganzer Gemeinden fördert (sozialer Aspekt). Obwohl ein Silvesterfeuerwerk ökologisch als negativ zu bewerten ist, hat es für unseren Sozialverbund eine positive Auswirkung. Im Sinne einer nachhaltigen Lebensweise wäre es also ratsam in möglichst großen Gruppen und Zusammenschlüssen das Silvesterfeuerwerk zu genießen und auf dadurch insgesamt weniger Feuerwerksraketen zu nutzen.

4	Kompetenzbereich:	E ☒	K ☒	F ☒	B ☐
	Aufgabentyp:	AA ☒	PA ☒	DA ☐	

A Der Feinstaubfleck in Abbildung 3A ist deutlich farbintensiver als in Abbildung 3B. Das bedeutet, dass beim Rauchen mit „tiefem Zug" ein großer Teil der Bestandteile des Rauchs in der Lunge verbleibt, wenn dieser tief eingeatmet wird. Beim „Pfaffen" (Mundhöhlenrauchen) ist dies nicht der Fall.
B Die Lunge wird als Staubsauger dargestellt. Partikel, die aus der Umgebung aufgesaugt werden, verbleiben (teilweise) in der Lunge und können diese schädigen. Man sollte vermeiden, zu viele schädliche Partikel einzuatmen. Dies betrifft vor allem jene, die beim Rauchen und Passivrauchen aufgenommen werden. Auch Ort mit hoher Feinstaubbelastung sollten gemieden werden. Schadstofffreie Orte wie bei einem Waldspaziergang oder beim Wandern in den Bergen oder am Meer sind dagegen optimal für eine gute Lungengesundheit.
C z.B. Rauchverbote in öffentlichen Gebäuden und vielen Restaurants, Tempo-30-Zonen, Umweltzonen in Großstädten je nach Schadstoffklasse der Kraftfahrzeuge, Filteranlagen für Industrie und Kaminöfen, etc.

Gasaustausch und Atemgastransport im Blutkreislauf

5
| Kompetenzbereich: | E ☒ | K ☒ | F ☒ | B ☐ |
| Aufgabentyp: | AA ☐ | PA ☒ | DA ☐ |

Individuelle Schülerantwort

▶ S. 98

1
| Kompetenzbereich: | E ☒ | K ☒ | F ☒ | B ☐ |
| Aufgabentyp: | AA ☒ | PA ☒ | DA ☐ |

Mit zunehmender Höhe nimmt die Anzahl der Sauerstoffmoleküle in der Luft stetig ab.
Tatsächlich sinkt mit steigender Höhe die Dichte der gesamten Luft. Der Grund hierfür liegt darin, dass in niedrigen Höhen eine größere Luftmasse auf der Umgebungsluft lastet und diese damit komprimiert. Mit zunehmender Höhe wird diese Luftmasse logischerweise immer kleiner, wodurch die Anzahl der Luftteilchen wie der Sauerstoffmoleküle abnimmt.

2
| Kompetenzbereich: | E ☒ | K ☒ | F ☒ | B ☐ |
| Aufgabentyp: | AA ☒ | PA ☐ | DA ☐ |

Der Sauerstoffanteil in der Alveolenluft ist geringer als der der Umgebungsluft.
In den Alveolen kommt es zu einem Gasaustausch zwischen den Lungenkapillaren und der eingeatmeten Luft. Dabei diffundieren Kohlenstoffdioxidmoleküle aus den Kapillaren in die Alveolenluft, während Sauerstoffmoleküle aus der Alveolenluft in die Kapillaren diffundieren. Zudem ist die Lunge nie komplett „luftleer", d. h. in den Lungenbläschen bleibt immer ein bestimmtes Volumen Luft, der sogenannte Totraum, nach dem Ausatmen zurück. Beim Einatmen vermischt sich also der Sauerstoffanteil der Frischluft und der Sauerstoffanteil des Totraums, so dass der Sauerstoffanteil der Alveolenluft insgesamt niedriger ist als der der Umgebungsluft.

3
| Kompetenzbereich: | E ☒ | K ☒ | F ☒ | B ☐ |
| Aufgabentyp: | AA ☒ | PA ☒ | DA ☐ |

München: 519 Meter über NN – ca. 18–19%
Piz Boè: 3152 Meter über NN – ca. 8–9%

In größeren Höhen nimmt der Sauerstoffgehalt der Luft ab. Dadurch wird es schwieriger die Zellen des Körpers mit ausreichend Sauerstoff zu versorgen, was mit einer zunehmenden körperlichen Anstrengung einhergeht. Dies ist am schnelleren Herzschlag (Puls) und einer vertieften, beschleunigten Atmung zu erkennen.

4
| Kompetenzbereich: | E ☒ | K ☒ | F ☒ | B ☐ |
| Aufgabentyp: | AA ☒ | PA ☐ | DA ☐ |

Wichtiger Hinweis für den Unterricht: Der Pfeil, der die Diffusionsbewegung von Kohlenstoffdioxid in der Alveole und Lungenkapillare symbolisiert, zeigt in die falsche Richtung.

Sauerstoffmoleküle aus den Lungenbläschen diffundieren in die Lungenkapillaren und werden von den roten Blutkörperchen aufgenommen und abtransportiert. Gleichzeitig diffundieren Kohlenstoffdioxidmoleküle aus den Lungenkapillaren in die Lungenbläschen. An den Zielzellen angekommen diffundieren Sauerstoffmoleküle aus den roten Blutkörperchen durch die Blutkapillarwände in die Zielzellen, während Kohlenstoffdioxidmoleküle aus den Zellen in die roten Blutkörperchen diffundieren.

5
| Kompetenzbereich: | E ☒ | K ☒ | F ☒ | B ☒ |
| Aufgabentyp: | AA ☒ | PA ☒ | DA ☒ |

Rote Blutkörperchen haben eine Scheibenform, die von beiden Seiten „eingedellt" ist. Durch diese bikonkave, abgeplattete Form haben sie eine verhältnismäßig große Oberfläche und verkleinern zugleich die Diffusionsstrecke für die Moleküle der Atemgase.

6
| Kompetenzbereich: | E ☒ | K ☒ | F ☒ | B ☒ |
| Aufgabentyp: | AA ☒ | PA ☒ | DA ☒ |

In großen Höhen wird der Atemgastransport im Blut erschwert, da die Dichte der Luft und der Anteil an Sauerstoffmolekülen in ihr geringer sind als in niedrigeren Höhen. Der Konzentrationsgradient zwischen Alveolenraum und Blut ist geringer, dadurch verringert sich die Anzahl der diffundierenden Teilchen pro Zeiteinheit.
Hypothese z.B.: Kurzfristig führt dies dazu, dass körperliche Tätigkeiten in großen Höhen weit anstrengender sind (siehe Aufgabe 3). Langfristig könnte der Körper einem verbesserten Sauerstofftransport reagieren, z. B. mit einer Erhöhung der Erythrocyten-Anzahl. Dies hätte eine Vergrößerung des Konzentrationsgradienten zur Folge und damit eine Erhöhung der Anzahl diffundierender Teilchen pro Zeiteinheit.

▶ S. 99

7
| Kompetenzbereich: | E ☒ | K ☒ | F ☒ | B ☒ |
| Aufgabentyp: | AA ☒ | PA ☒ | DA ☒ |

Hämoglobin besteht aus vier Proteinuntereinheiten, die jeweils eine Häm-Gruppe mit zentralem Fe^{2+}-Ion tragen. Das Protein Hämoglobin besitzt damit eine Quartärstruktur aus vier Untereinheiten in Tertiärstruktur (sogenanntes Tetramer). Man unterscheidet zwei Formen: Das unbesetzte Desoxy-Hämoglobin und das etwas größere, mit vier Sauerstoffmolekülen besetzte Oxy-Hämoglobin.

8	Kompetenzbereich: E ☒ K ☒ F ☒ B ☐
	Aufgabentyp: AA ☒ PA ☒ DA ☒

Für Profis: Durch die Anbindung eines Sauerstoffmoleküls an ein Hämoglobinmolekül ändert sich dessen Struktur. Durch die Anlagerung von einem Sauerstoffmolekül an eine Hämgruppe (= Oxygenierung) werden zwischenmolekulare Kräfte zu den benachbarten Proteinuntereinheiten gelöst. In Folge davon erhöht sich die Wahrscheinlichkeit erhöht, dass sich noch weitere Sauerstoffmoleküle an das Hämoglobinmolekül anbinden (= positive Kooperativität).

9	Kompetenzbereich: E ☒ K ☒ F ☒ B ☒
	Aufgabentyp: AA ☒ PA ☒ DA ☒

A Mit zunehmenden Sauerstoffanteil der Umgebungsluft steigt auch die Sauerstoffsättigung der Hämoglobinmoleküle. Bei einem Sauerstoffanteil von 13 kPa wird eine Sättigung erreicht.

Hinweis für den Unterricht zum Zusammenhang der Sauerstoffsättigung in den Abbildungen 4 und 5:
Bei geringem Druck ist dieser Anstieg der Sauerstoffbindung zunächst flach, da das erstes Sauerstoffmolekül von allen vorhandenen Hämoglobinmolekülen zunächst langsam angebunden wird. Durch die veränderte Proteinstruktur der Hämoglobin-Moleküle werden die zweiten und dritten Sauerstoffmoleküle bei steigendem Sauerstoffgehalt jeweils deutlich schneller angelagert, wodurch die Sauerstoffsättigung exponentiell ansteigt. Das vierte Sauerstoffmolekül lagert sich nach und nach an die noch unbesetzten Hämgruppen an. Daraus ergibt sich der Sättigungsverlauf.

B In den Lungenkapillaren beträgt die Sauerstoffsättigung des Hämoglobins annähernd 100%. In den Gewebekapillaren beträgt sie hingegen nur um die 60%.
Die Sauerstoffabgabe im Gewebe erfolgt über Diffusion und folgt dem Konzentrationsgefälle von den roten Blutkörperchen bzw. dem darin enthaltenen Hämoglobin (hohe Sättigung) hin zu den Gewebezellen (geringere Sättigung durch Verbrauch der Sauerstoffmoleküle in der Zellatmung). Dies ist möglich, da die Sauerstoffmoleküle nicht dauerhaft an die Hämoglobinmoleküle binden und weil die Sauerstoffsättigung der Hämoglobinmoleküle bei dem niedrigen Sauerstoffanteil im Gewebe deutlich geringer ist.

Hinweis für den Unterricht zum Zusammenhang zu Myoglobin:
In den Gewebezellen ist Myoglobin enthalten, ein Protein aus einer Untereinheit mit einer Häm-Gruppe. Dies besitzt eine höhere Sauerstoffaffinität als Hämoglobin bei dem Sauerstoffanteil von 3 bis 5 Kilopascal: Myoglobin weißt in dem Bereich eine Sauerstoffsättigung von ca. 85–90% auf. Dadurch diffundieren die Sauerstoffmoleküle vom Oxy-Hämoglobin im roten Blutkörperchen zum Desoxy-Myoglobin im Zellplasma der Gewebezellen.

10	Kompetenzbereich: E ☒ K ☒ F ☒ B ☒
	Aufgabentyp: AA ☒ PA ☒ DA ☒

In 4000 Metern Höhe über NN liegt der Sauerstoffanteil der Alveolenluft nur etwa bei 7%, wohingegen er bei 0 Metern Höhe über NN bei 14% liegt. Der Sauerstoffanteil halbiert sich also. Lungenluft weißt daher keinen Sauerstoffanteil von mehr 13–14 kPa mehr auf, sondern von 6,5–7 kPa.
Die Sättigung der Hämoglobinmoleküle beträgt daher nur etwa 80–85%. Damit ist das Konzentrationsgefälle der Sauerstoffkonzentration im Gewebe zwischen den Blutkörperchen und den Gewebezellen deutlich geringer, wodurch die Diffusion negativ beeinträchtigt wird.

11	Kompetenzbereich: E ☒ K ☒ F ☒ B ☒
	Aufgabentyp: AA ☒ PA ☒ DA ☒

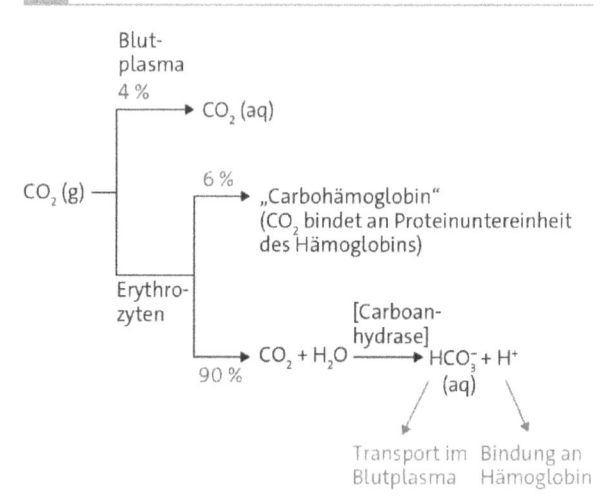

Blutplasma 4 % → CO_2 (aq)

CO_2 (g) → 6 % → „Carbohämoglobin" (CO_2 bindet an Proteinuntereinheit des Hämoglobins)

Erythrozyten 90 % → $CO_2 + H_2O$ —[Carboanhydrase]→ $HCO_3^- + H^+$ (aq)

↙ Transport im Blutplasma ↘ Bindung an Hämoglobin

Cornelsen/newVision! GmbH, Bernhard A. Peter, Pattensen

▶ **S. 100**

1	Kompetenzbereich: E ☒ K ☐ F ☒ B ☐
	Aufgabentyp: AA ☒ PA ☒ DA ☐

Zunächst pumpt das Herz das Blut aus der rechten Herzkammer in die Lungenarterie. In der Lunge geben die roten Blutkörperchen Kohlenstoffdioxidmoleküle an die Atemluft ab und nehmen Sauerstoffmoleküle auf. Das Blut gelangt über die Lungenvene in den linken Vorhof und von diesem in die linke Herzkammer. Diese pumpt das Blut in die Körperarterie, man bezeichnet sie auch als Aorta. Von dieser zweigen weitere Blutgefäße ab, die den ganzen Körper durchziehen. Die Blutgefäße werden dabei immer feiner. Diese feinen Blutgefäße bezeichnet man als Körperkapillaren. An den Zielzellen angekommen werden Sauerstoffmoleküle und Nährstoffmoleküle aus dem Blut an die Zellen der Umgebung abgegeben. Die Kapillaren vereinen sich anschließend wieder zu dickeren Blutgefäßen, die zum Herzen hinführen. Über die Körpervene gelangt das Blut schließlich in den rechten Vorhof.

Gasaustausch und Atemgastransport im Blutkreislauf

2 Kompetenzbereich: E ☐ K ☐ F ☒ B ☐
Aufgabentyp: AA ☐ PA ☒ DA ☐

Arterie: Blutgefäß, das vom Herzen wegführen.
Vene: Blutgefäß, das zum Herzen hinführt.

3 Kompetenzbereich: E ☐ K ☐ F ☒ B ☐
Aufgabentyp: AA ☐ PA ☒ DA ☐

Die Unterteilung in eine rechte und eine linke Herzhälfte dient dazu, dass sauerstoffreiches und sauerstoffarmes Blut im Herzen nicht durchmischt werden.

4 Kompetenzbereich: E ☐ K ☐ F ☒ B ☐
Aufgabentyp: AA ☒ PA ☒ DA ☐

Während sich die Körperarterien in immer feinere Blutgefäße aufteilen, nimmt der Durchmesser jedes einzelnen Blutgefäßes ab. Da sich ein Gefäß aber stets in mehrere teilt, nimmt der Gesamtquerschnitt dabei immer weiter zu und erreicht auf der Ebene der Kapillaren sein Maximum. Dies ist ein Beispiel für das Prinzip der Oberflächenvergrößerung. Die Kapillaren, in denen das Blut zurück zum Herzen fließt vereinen sich nach und nach wieder zu größeren Blutgefäßen wobei der Gesamtdurchmesser wieder abnimmt.

▶ S. 101

5 Kompetenzbereich: E ☒ K ☒ F ☒ B ☐
Aufgabentyp: AA ☒ PA ☒ DA ☐

A/B *Individuelle Schülerantwort*
Von der Aorta zu den Kapillaren hin nimmt die Fließgeschwindigkeit des Blutes immer weiter ab.

6 Kompetenzbereich: E ☒ K ☐ F ☒ B ☐
Aufgabentyp: AA ☐ PA ☒ DA ☒

Der geringe Druck und die daraus resultierende langsame Fließgeschwindigkeit erleichtern den Stoffaustausch.

7 Kompetenzbereich: E ☒ K ☐ F ☒ B ☐
Aufgabentyp: AA ☒ PA ☐ DA ☒

Problem: Wie gelangt das Blut aus den Kapillaren zurück zum Herzen (vor allem in den Beinen, in denen es gegen die Schwerkraft transportiert werden muss)?

8 Kompetenzbereich: E ☒ K ☐ F ☒ B ☐
Aufgabentyp: AA ☒ PA ☒ DA ☐

Arterien haben eine deutlich dickere Muskelschicht und einen kleineren Innendurchmesser als Venen.

9 Kompetenzbereich: E ☐ K ☐ F ☒ B ☐
Aufgabentyp: AA ☒ PA ☒ DA ☐

Durch die dickere Muskelschicht können die Arterien dem höheren Blutdruck besser standhalten. Mit jedem Herzschlag wird Blut vom Herzen in die Arterien gepumpt, wodurch diese gedehnt werden. Durch die Muskelschicht ziehen sich die Arterien anschließend wieder zusammen, was den Blutfluss unterstützt. Man kann dies am Puls erkennen.

10 Kompetenzbereich: E ☒ K ☐ F ☒ B ☐
Aufgabentyp: AA ☐ PA ☒ DA ☐

Man kann den Puls an den Arterien fühlen, da in diese sich bei jedem Herzschlag weiten und durch ihre dicke Muskelschicht wieder zusammenziehen.

11 Kompetenzbereich: E ☒ K ☐ F ☒ B ☐
Aufgabentyp: AA ☒ PA ☒ DA ☐

Individuelle Schülerantwort
Der Blutdruck ist in den Venen deutlich geringer als in den Arterien. Das Blut aus den Füßen muss zudem gegen die Schwerkraft transportiert werden.

12 Kompetenzbereich: E ☒ K ☒ F ☒ B ☐
Aufgabentyp: AA ☒ PA ☒ DA ☐

Durch die Venenklappen ist der Blutfluss innerhalb der Venen nur in eine Richtung möglich. Unterstützt wird dieser durch die Tätigkeit von Muskeln und die Pulswelle benachbarter Arterien, die Druck auf die Venen ausüben.

13 Kompetenzbereich: E ☐ K ☐ F ☒ B ☐
Aufgabentyp: AA ☐ PA ☒ DA ☐

Das Herz ist eine Druck-Saug-Pumpe. Bei Anspannung drückt es Blut in die Arterien, bei Entspannung saugt es Blut aus den Venen an. Die Herzklappen verhindern hierbei, dass Blut aus den Arterien zurückgesogen wird.

14 Kompetenzbereich: E ☐ K ☐ F ☒ B ☐
Aufgabentyp: AA ☐ PA ☒ DA ☐

Ein geringerer Arteriendurchmesser sorgt für eine schnellere Fließgeschwindigkeit. Eine höhere Herzfrequenz steigert das Volumen, das je Zeiteinheit durch die Gefäße gepumpt wird. Dadurch kann der Körper zum Beispiel auf starke Belastungen reagieren, bei denen die Muskeln schnell mit viel Sauerstoff versorgt werden müssen.

15 Kompetenzbereich: E ☒ K ☒ F ☒ B ☐
Aufgabentyp: AA ☒ PA ☐ DA ☐

Individuelle Schülerantwort

16	Kompetenzbereich:	E ☒	K ☒	F ☒	B ☐
	Aufgabentyp:	AA ☒	PA ☒	DA ☒	

Individuelle Schülerantwort

▶ S. 102

1	Kompetenzbereich:	E ☒	K ☐	F ☒	B ☐
	Aufgabentyp:	AA ☒	PA ☒	DA ☐	

Das Innere des Herzens ist durch die Herzscheidewand in zwei Hälften geteilt. Die linke Hälfte besteht aus dem linken Vorhof und der linken Herzkammer, die rechte Hälfte aus dem rechten Vorhof und der rechten Herzkammer. Zwischen Vorhof und Herzkammer einer Herzhälfte befinden sich die Segelklappen.
In den linken Vorhof münden die Lungenvenen. Von der linken Herzkammer geht die Aorta aus.
Die obere und untere Hohlvene münden in den rechten Vorhof. Von der rechten Herzkammer geht die Lungenarterie aus. An den Verbindungstellen des Herzens mit den Arterien befinden sich die Taschenklappen. An der Außenseite des Herzens befinden sich die Herzkranzgefäße.

2	Kompetenzbereich:	E ☐	K ☐	F ☒	B ☐
	Aufgabentyp:	AA ☐	PA ☒	DA ☐	

Ohne die Segelklappen würde das Blut bei jedem Schlag teilweise auch zurück in die Venen gepumpt werden. Ohne die Taschenklappen würde das Herz das Blut aus den Arterien während der Entspannungsphase wieder ansaugen. Die Klappen sorgen für einen wesentlich effizienteren Blutfluss und damit für eine bessere Versorgung des Körpers mit Sauerstoff und Nährstoffen.

3	Kompetenzbereich:	E ☒	K ☐	F ☒	B ☐
	Aufgabentyp:	AA ☒	PA ☒	DA ☒	

A Graf A zeigt die Pumparbeit einer elektrischen Pumpe, da diese mit einem nahezu konstanten Druck pumpt. Graf B zeigt die Pumparbeit eines Herzens. Der Druck steigt bei diesem mit jedem Schlag an und lässt während der Entspannungsphase wieder nach.
B Die die muskulöse, elastische Arterienwand hält den Blutfluss während der Entspannungsphase des Herzens aufrecht.

▶ S. 103

4	Kompetenzbereich:	E ☐	K ☒	F ☒	B ☐
	Aufgabentyp:	AA ☒	PA ☒	DA ☐	

Während der Diastole erschlafft der Herzmuskel und der Druck in den Herzkammern fällt ab, so dass Blut (passiv) von den Vorhöfen in die Kammern strömen kann. Dabei nimmt das Herzvolumen zu. Die Muskulatur der Herzwände ist in dieser Phase entspannt und daher dünn. Mit Beginn der Systole beginnen sich die Herzwände anzuspannen und werden dadurch gleichzeitig dicker. Der steigende Druck in den Herzkammern hält die Segelklappen geschlossen. Die Taschenklappen sind ebenfalls noch geschlossen. Das Herzvolumen nimmt dabei bereits leicht ab. Mit zunehmender Anspannung und Verdickung der Herzwände steigt der Druck weiter an, bis sich die Taschenklappen öffnen und das Blut aus den Herzkammern in die Arterien gepumpt wird.

Hinweis: Wenn der intraventrikuläre Druck unter den Vorhofdruck sinkt, öffnen sich die Segelklappen (die Taschenklappen sind weiterhin geschlossen): Blut strömt passiv von den Vorhöfen in die Ventrikel. Am Ende der Füllungsphase entspricht der Druck im Ventrikel dem Vorhofdruck von 5–10 mmHg.
Für die Füllung der Ventrikel ist zum erheblichen Teil der Ventilebenenmechanismus verantwortlich. Er ist v.a. für die frühe diastolische Füllung von Bedeutung. Während der Systole (wenn sich das Herz kontrahiert) verschiebt sich die Ventilebene mit den Klappen in Richtung Herzspitze, also bezogen auf die zuführenden Venen „nach unten". Dabei werden die Vorhöfe gedehnt, wodurch der Druck in ihnen deutlich abnimmt. Es entsteht ein Sog, der Blut aus den zentralen Körpervenen ansaugt und so den venösen Rückstrom des Blutes zum Herzen fördert.

5	Kompetenzbereich:	E ☒	K ☐	F ☒	B ☐
	Aufgabentyp:	AA ☐	PA ☒	DA ☐	

Individuelle Schülerantwort
Die Töne kommen durch das Schließen der Klappen zustande. Da sich Segel- und Taschenklappen mit einer leichten Zeitverzögerung schließen, sind zwei Töne zu hören.

6	Kompetenzbereich:	E ☒	K ☐	F ☒	B ☐
	Aufgabentyp:	AA ☒	PA ☐	DA ☐	

Die Herzschlagfrequenz nimmt bei Belastung zu. Das Herzvolumen bleibt dabei stets konstant.
In Ruhe: 70 Schläge x 70 mL x 15 min = 73,5 L
Anstrengung: 130 Schläge x 70 mL x 15 min = 136,5 L

7	Kompetenzbereich:	E ☒	K ☐	F ☒	B ☐
	Aufgabentyp:	AA ☐	PA ☒	DA ☐	

Bei professionellen Ausdauersportlern kann es mit der Zeit zu einer Vergrößerung des Herzens kommen. Dies führt dazu, dass pro Herzschlag mehr Blut ausgeworfen wird. Dadurch werden bei Anstrengung weniger Schläge als bei einer untrainierten Person benötigt, um den Körper mit Sauerstoff und Nährstoffen zu versorgen.

Gasaustausch und Atemgastransport im Blutkreislauf

8 Kompetenzbereich: E ☐ K ☐ F ☒ B ☐
Aufgabentyp: AA ☐ PA ☒ DA ☐

Wäre das Volumen nicht gleich groß, hätte dies zur Folge, dass die größere Herzkammer nicht vollständig mit Blut gefüllt werden würde bzw. die kleinere mit zu viel Blut gefüllt werden müsste. Der Blutfluss würde dadurch negativ beeinflusst werden.

9 Kompetenzbereich: E ☐ K ☐ F ☒ B ☐
Aufgabentyp: AA ☐ PA ☒ DA ☐

Eine Beeinträchtigung des Blutflusses in den Herzkranzgefäßen würde dazu führen, dass der Herzmuskeln nicht mehr optimal mit Sauerstoff wäre.
Durch diese Mangelversorgung sterben in mehr oder weniger großem Umfang Herzmuskelzellen ab. Das Nebeneinander von geschädigten bzw. abgestorbenen Muskelzellen beeinträchtigt die Pumpfunktion des Herzens. Sind zu viele Herzmuskelzellen betroffen, kommt es zu ungeordneten Kontraktionen des Herzens und dadurch bedingt zu einem Herzkreislaufstillstand.

10 Kompetenzbereich: E ☒ K ☒ F ☐ B ☐
Aufgabentyp: AA ☒ PA ☐ DA ☐

Individuelle Schülerantwort

▶ S. 104

1 Kompetenzbereich: E ☒ K ☒ F ☐ B ☐
Aufgabentyp: AA ☒ PA ☐ DA ☐

Individuelle Schülerantwort
Vorsicht beim Umgang mit einem Skalpell, Verletzungsgefahr!

2 Kompetenzbereich: E ☒ K ☐ F ☐ B ☐
Aufgabentyp: AA ☒ PA ☐ DA ☐

Individuelle Schülerantwort

3 Kompetenzbereich: E ☐ K ☐ F ☒ B ☐
Aufgabentyp: AA ☐ PA ☒ DA ☐

Wenn das Herz nicht mit voller Leistung arbeiten kann, werden die Zellen des Körpers nicht ausreichend mit Sauerstoff und Nährstoffe versorgt. Dies führt je nach Beeinträchtigung zu einer schwächeren oder stärkeren Beeinträchtigung der Leistungsfähigkeit und kann bei ausgeprägter Herzschwäche zum Tode führen.

▶ S. 105

4 Kompetenzbereich: E ☒ K ☒ F ☐ B ☐
Aufgabentyp: AA ☒ PA ☐ DA ☐

Individuelle Schülerantwort

5 Kompetenzbereich: E ☒ K ☒ F ☐ B ☐
Aufgabentyp: AA ☒ PA ☐ DA ☐

Individuelle Schülerantwort

6 Kompetenzbereich: E ☐ K ☐ F ☒ B ☐
Aufgabentyp: AA ☐ PA ☒ DA ☐

Beeinträchtigungen des Bewegungsapparats gehen oft mit einer Abnahme der sportlichen Aktivität einher. Da sportliche Betätigung wichtig ist für die Gesunderhaltung des Gefäßsystems, steigert ein Mangel an Bewegung das Herzinfarktrisiko.

7 Kompetenzbereich: E ☒ K ☒ F ☒ B ☐
Aufgabentyp: AA ☒ PA ☒ DA ☐

Individuelle Schülerantwort

8 Kompetenzbereich: E ☒ K ☐ F ☒ B ☐
Aufgabentyp: AA ☐ PA ☒ DA ☐

Individuelle Schülerantwort
Die sportliche Betätigung führt bei den meisten Testpersonen zu einem schnelleren Puls, da mehr Blut benötigt wird, um die Muskeln mit Sauerstoff und Nährstoffen zu versorgen.
Nach der sportlichen Betätigung wird der Puls nach und nach wieder langsamer und erreicht etwa den Ausgangswert.

9 Kompetenzbereich: E ☒ K ☐ F ☒ B ☐
Aufgabentyp: AA ☒ PA ☒ DA ☐

Individuelle Schülerantwort
Abweichungen können darauf zurückzuführen sein, dass die beiden Testpersonen unterschiedlich sportlich sind. Dies kann am Trainingszustand aber auch an genetischen Unterschieden liegen.

10 Kompetenzbereich: E ☒ K ☒ F ☒ B ☐
Aufgabentyp: AA ☒ PA ☒ DA ☒

Individuelle Schülerantwort

11 Kompetenzbereich: E ☒ K ☒ F ☒ B ☐
Aufgabentyp: AA ☒ PA ☒ DA ☐

Individuelle Schülerantwort
Vermutlich könnten die meisten Testpersonen ihre Ergebnisse durch gezieltes Training langfristig verbessern.

▶ Seite 106

1 Kompetenzbereich: E ☐ K ☐ F ☒ B ☒
Aufgabentyp: AA ☐ PA ☐ DA ☒

Individuelle Schülerantwort

2	Kompetenzbereich: E ☐ K ☐ F ☒ B ☒
	Aufgabentyp: AA ☒ PA ☒ DA ☒

weniger gesundheitsschädlich; Hilfsmittel, um mit dem Rauchen aufzuhören oder um weniger zu rauchen; keine Geruchsbelästigung und Gesundheitsschädigung von Menschen in der Umgebung; finanziell günstiger; um auch in Nichtraucherbereichen dampfen zu können; aus Neugier

3	Kompetenzbereich: E ☐ K ☒ F ☒ B ☒
	Aufgabentyp: AA ☐ PA ☒ DA ☐

Vermutlich benutzen Raucher und ehemalige Raucher E-Zigaretten, um weniger normale Zigaretten zu rauchen oder ganz mit dem Rauchen aufzuhören. Die Gewöhnung an ein „Rauchgefühl" bei Rauchern wird seltener aufgegeben, als dass aus reiner Neugier unter Nichtrauchern zu E-Zigaretten gegriffen wird.

4	Kompetenzbereich: E ☒ K ☒ F ☒ B ☐
	Aufgabentyp: AA ☒ PA ☒ DA ☒

Notwendig sind großangelegte repräsentative Quer- und Längsschnittuntersuchungen in der Bevölkerung. So müssten zur Beantwortung der ersten Frage gesundheitsrelevante Daten zu zwei Vergleichsgruppen (E-Zigaretten Konsumenten vs. keine E-Zigaretten Konsumenten) über viele Jahre hinweg erhoben werden. Für Frage 2 müssen repräsentative Umfragen unter ehemaligen Rauchern gemacht werden, ob ihnen auf dem Weg ins Nichtrauchersein E-Zigaretten geholfen haben. Gegebenenfalls könnten Interventionsstudien durchgeführt werden, indem einer potenziell willigen Rauchausteigergruppe E-Zigaretten gegeben, einer anderen Gruppe keine E-Zigaretten gegeben werden und die Erfolge beim Rauchausstieg verglichen werden. Für die dritte Frage müssten über viele Jahre hinweg Daten zum Rauchverhalten und zum E-Zigaretten-Konsum sowie zu Beliebtheit und Akzeptanz erhoben werden – allerdings könnten dabei höchstwahrscheinlich auch nur potenzielle Korrelationen und keine Kausalitäten ermittelt werden.

5	Kompetenzbereich: E ☒ K ☒ F ☒ B ☒
	Aufgabentyp: AA ☒ PA ☒ DA ☒

Pro E-Zigaretten (gemäß Prinzip Schadensminimierung): geeignetes Mittel zur Tabak- und/oder Nikotinentwöhnung; geringere gesundheitliche Schäden als durch normale Zigaretten
Contra E-Zigaretten (gemäß Prinzip der Vorsorge): potenzielles Einstiegsmittel ins Rauchen; durch allgegenwärtiges Dampfen erhöhen sich auch (wieder) die Akzeptanz und Beliebtheit von normalen Zigaretten; langfristige (und unterschätzte) schädliche gesundheitliche Folgen

6	Kompetenzbereich: E ☒ K ☒ F ☒ B ☐
	Aufgabentyp: AA ☒ PA ☒ DA ☒

Hypothese 1: Die Jugendlichen, die E-Zigaretten rauchen, stecken sich untereinander eher an, indem sie ihre E-Zigaretten kreisen lassen und / oder generell auf engem Raum zusammen sind.
Hypothese 2: Die Lungen von E-Zigaretten-Konsumenten waren zum Zeitpunkt der Infektion bereits geschädigt(er), was zu stärkeren Symptomen bei den Betroffenen führte, weshalb sie häufiger beim Arzt landeten und ihre Corona-Infektion häufiger diagnostiziert wurde.

▶ Seite 107

1	Kompetenzbereich: E ☒ K ☒ F ☒ B ☒
	Aufgabentyp: AA ☒ PA ☒ DA ☒

	richtet sich an…	Inwiefern wird Veränderung angestrebt?
Verbot von Tabakwerbung im Kino bei Filmen unter 18 Jahren	im Prinzip alle Kinogänger, primär Kinder und Jugendliche (Raucher und Nichtraucher)	dem positiven Image von Rauchen soll entgegengewirkt werden; Nichtraucher sollen gar nicht auf die Idee des Rauchens gebracht, Raucher in ihrem Verhalten nicht bestärkt werden
Rauchen in der Öffentlichkeit und Erwerb Von Tabakwaren ab 18 Jahren	Kinder und Jugendliche (Raucher und Nichtraucher)	Erhalt und Konsum von Zigaretten sollen erschwert werden, um z.B. einen (frühen) Einstieg ins Rauchen zu verhindern oder weiter hinauszuzögern
Tabaksteuererhöhung	alle Raucher	die Attraktivität des Rauchens soll durch finanzielle Auflagen gemindert werden
Kampagnen und Projekte zur Förderung des Nicht-Rauchens	Jugendliche (primär Nichtraucher; ggfls. auch Raucher)	durch Prävention und Aufklärung soll der Raucheinstieg verhindert und ggfls. der Rauchausstieg erleichtert werden
Verbot von Werbung auf öffentlichen Werbeflächen	alle (Raucher und Nichtraucher)	dem positiven Image von Rauchen soll entgegengewirkt werden; Nichtraucher sollen gar nicht auf die Idee des Rauchens gebracht, Raucher in ihrem Verhalten nicht bestärkt werden; öffentliche Akzeptanz

Gasaustausch und Atemgastransport im Blutkreislauf

			des Rauchens soll gesenkt werden
Rauchverbot auf dem Schulgelände	Kinder und Jugendliche im schulpflichtigen Alter; rauchende Lehrkräfte		staatlich verordneter Schutz von rauchenden Jugendlichen sowie nichtrauchenden Jugendlichen; Vorbildfunktion von Lehrkräften
Nichtraucherschutzgesetz	alle		Nichtraucher sollen gesundheitlich und vor Geruchsbelästigung geschützt werden; Raucher werden in ihrem Verhalten restriktiv eingeschränkt.
Abschreckende Bilder auf Zigarettenpackungen	Raucher und potenzielle / zukünftige Raucher		durch Erzeugung von negativen Gefühlen (Angst, Ekel) soll der Rauchausstieg befördert bzw. der Raucheinstieg verhindert werden

Vor- und Nachteile der einzelnen Maßnahmen – *Individuelle Schülerantwort*

2 Kompetenzbereich: E ☒ K ☒ F ☒ B ☒
Aufgabentyp: AA ☒ PA ☒ DA ☒

Individuelle Schülerantwort

3 Kompetenzbereich: E ☐ K ☒ F ☒ B ☒
Aufgabentyp: AA ☒ PA ☐ DA ☒

Individuelle Schülerantwort

4 Kompetenzbereich: E ☒ K ☒ F ☒ B ☐
Aufgabentyp: AA ☒ PA ☒ DA ☐

Das Diagramm zeigt das Rauch-/Nichtrauchverhalten von deutschen Jugendlichen von 1979 bis 2018. Auf der Y-Achse ist die Anzahl der Jugendlichen in Prozent angegeben, auf der X-Achse sind die Jahre 1979 bis 2018 aufgetragen. Die hell gezeichnete Kurve zeigt die Entwicklung des Anteils nichtrauchender Jugendlicher, die fett gezeichnete Kurve die Entwicklung des Anteils rauchender Jugendlicher. Insgesamt ist zu erkennen, dass der Anteil rauchender Jugendlicher in diesem Zeitraum deutlich zurückgeht, während der Anteil nichtrauchender Jugendlicher steigt. So sank der Anteil rauchender Jugendlicher innerhalb von 15 Jahren von 22,5 Prozent (2003) auf 8,7 Prozent (2018). Gleichzeitig liegt der Anteil Jugendlicher, die noch nie zur Zigarette gegriffen haben, im Jahr 2018 mit über 80 Prozent rekordmäßig hoch. Zwischen 1997 und 2001 gab es jedoch eine gegenläufige Entwicklung: Hier ging der Anteil nichtrauchender Jugendlicher deutlich nach unten (von 58 auf 40 Prozent), während zuvor zwischen 1993 und 1997 die Anzahl rauchender Jugendlicher von 20 auf ca. 30 Prozent erkennbar zugenommen hatte. Evtl. ist für die Entwicklungen zwischen 1993 und 1997 die nun um die Jugendlichen aus den neuen Bundesländern erweiterte Stichprobe verantwortlich, die erst nach 1989/90 in die Befragung mit aufgenommen wurden und im Zuge der Neu-Orientierung und des Ausprobierens auch vermehrt (ehemalige West-)Zigaretten probierten.

Für die seit 1997 kontinuierliche Abnahme des Raucheranteils unter Jugendlichen sind vermutlich verschiedene Maßnahmen (wie eingeschränkte Werbemöglichkeiten für Tabakerzeugnisse, bundesweites Rauchverbot in Gaststätten, Zeigen von abschreckenden Bildern und weitreichend etablierte Anti-Rauch-Kampagnen von Bildungsinstitutionen, Ländern und Ministerien) verantwortlich. Damit verlor das Rauchen insgesamt sein positives Image unter Jugendlichen.

▶ **Seite 108**

1 Kompetenzbereich: E ☒ K ☒ F ☒ B ☐
Aufgabentyp: AA ☒ PA ☐ DA ☒

Individuelle Schülerantwort

2 Kompetenzbereich: E ☐ K ☐ F ☒ B ☒
Aufgabentyp: AA ☒ PA ☐ DA ☒

Individuelle Schülerantwort
Argumente pro Widerspruchslösung: potenziell mehr Spenderorgane und damit verbesserte Überlebenschancen für viele Patienten auf der Warteliste für ein Spenderorgan; Verbesserung der Auseinandersetzung mit einer eigenen Entscheidung zur Organspende
Argumente contra Widerspruchslösung: Organe zur Verfügung zu stellen wäre dann kein Akt der freiwilligen Spende / Nächstenliebe mehr; es läge ein Eingriff in das Selbstbestimmungsrecht / die Autonomie des einzelnen Bürgers vor; das Recht auf „Nicht-auseinander-setzen" mit dem eigenen Tod und dennoch nicht automatisch zum Organspender werden, wird missachtet, evtl. ziehen Menschen, die bislang freiwillig Organspender waren, ihre Entscheidung zurück, weil sie nun keine freiwilligen Spender mehr wären; führt zu keiner automatischen Erhöhung der Spenderorganzahl, da weiterhin das bestimmende Kriterium das Eintreten des Hirntods ist; Menschen mit kognitiver Einschränkung oder mangelnden deutschen Sprachkenntnissen werden evtl. nicht so erreicht und informiert, dass sie von ihrem Widerspruchsrecht Gebrauch machen könnten

▶ Seite 109

3	Kompetenzbereich:	E ☐	K ☐	F ☒	B ☒
	Aufgabentyp:	AA ☐	PA ☒	DA ☐	

Annas Aussage stimmt nicht, denn 1. kann man über einen Organspendeausweis auch festlegen, dass man keine oder nur bestimmte Organe spenden oder die Entscheidung auf eine andere Person übertragen möchte und 2. kann man einen Organspendeausweis zu jeder Zeit vernichten und einen neuen ausfüllen.

4	Kompetenzbereich:	E ☐	K ☒	F ☒	B ☒
	Aufgabentyp:	AA ☒	PA ☐	DA ☒	

Unwillen, sich mit dem eigenen Tod auseinanderzusetzen; Unwissenheit (dass es Organspendeausweise gibt, wo man sie bekommt...); Bequemlichkeit, sich einen Ausweis zu besorgen; Angst, dass einem im Falle eines Falles als Organspender nicht das Leben gerettet wird; innerlich noch keine endgültige Entscheidung gefällt

5	Kompetenzbereich:	E ☐	K ☒	F ☐	B ☒
	Aufgabentyp:	AA ☐	PA ☐	DA ☒	

Individuelle Schülerantwort

6	Kompetenzbereich:	E ☐	K ☒	F ☐	B ☒
	Aufgabentyp:	AA ☐	PA ☐	DA ☒	

Argumente pro Solidarmodell: Evtl. stiege die Zahl der Organspender, da jeder im Fall eines Falles auch selbst ein Organ erhalten möchte; man kann Gerechtigkeit so verstehen, dass ein Nehmen nur unter der Bedingung des Gebens gerechtfertigt ist
Argumente contra Solidarmodell: Medizinische Unterstützung bei Todkranken darf nicht von bestimmten eigenen vorherigen Verhaltensweisen abhängig gemacht werden; Solidarmodell = Verstoß gegen das Prinzip der Chancengleichheit und Form der Diskriminierung; Entscheidung zur Organspende wäre kein Akt der Freiwilligkeit, der Nächstenliebe oder des Altruismus mehr, sondern nur Mittel zum Zweck und das Ergebnis einer Kosten-Nutzen-Kalkulation.

7	Kompetenzbereich:	E ☐	K ☒	F ☒	B ☒
	Aufgabentyp:	AA ☒	PA ☒	DA ☐	

Ein Herz-Kreislauf-Stillstand von zehn Minuten bei normaler Körpertemperatur ist bisher nicht als sicheres „Äquivalent zum Hirntod" nachgewiesen und kann deshalb nicht die Todesfeststellung durch Nachweis von sicheren Todeszeichen wie beim Hirntod ersetzen. Oft ist es zudem noch möglich zu reanimieren, d.h. der Herzstillstand kann auch nach 10 Minuten nicht definitiv als irreversibel betrachtet werden. Das deutsche Transplantationsgesetz gibt vor, dass Eingriffe zur Organ- und Gewebeentnahme bei einer toten Spenderin / bei einem toten Spender unter anderem die Feststellung des Todes nach Regeln gemäß dem Erkenntnisstand der medizinischen Wissenschaft voraussetzen. Diese Voraussetzung erfüllt ein Herz-Kreislauf-Stillstand von zehn Minuten bei normaler Körpertemperatur als mögliches, aber unsicheres Todeszeichen nicht.

▶ Seite 110

8	Kompetenzbereich:	E ☐	K ☐	F ☒	B ☒
	Aufgabentyp:	AA ☒	PA ☒	DA ☐	

A Utilitaristisch:
… man seine Organe nach dem Tod nicht mehr braucht und mit ihnen viele Menschenleben gerettet werden können.
… die Durchführung von Organspenden das Gesundheitssystem enorm viel Geld kostet.
… immer ein Risiko bleibt, dass die Hinterbliebenen psychisch unter der Entscheidung leiden, dass sie die Organe eines Familienmitglieds freigegeben haben.
Deontologisch:
… es die Nächstenliebe gebietet, anderen Menschen zu helfen, auch nach dem eigenen Tod.
… der Hirntod nicht den vollständigen Tod des Menschen, sondern eine Phase seines Sterbeprozesses darstellt.
… mit dem Hirntod die Persönlichkeit eines Menschen erloschen ist und er per Gesetz als tot gilt.

B *Individuelle Schülerantwort*

▶ Seite 111

1	Kompetenzbereich:	E ☐	K ☒	F ☐	B ☒
	Aufgabentyp:	AA ☐	PA ☒	DA ☒	

Individuelle Schülerantwort
Mit dieser Aussage soll an das (schlechte) Gewissen und die vermeintliche Verantwortung aller Bürger appelliert werden, die keine Organspender sind oder keinen Organspendeausweis haben. Damit sollen implizit Schuldgefühle hervorgerufen und die Motivation gesteigert werden, sich selbst auch als Organspender zur Verfügung zu stellen.

2	Kompetenzbereich:	E ☐	K ☒	F ☐	B ☒
	Aufgabentyp:	AA ☐	PA ☒	DA ☒	

Individuelle Schülerantwort
Mit dieser eher neutralen Formulierung wird auf die tatsächlichen medizinischen Ursachen für das Versterben der Menschen Bezug genommen, ohne dass ein unterschwelliger Vorwurf transportiert wird.

Gasaustausch und Atemgastransport im Blutkreislauf

3+4 Kompetenzbereich: E ☐ K ☒ F ☒ B ☒
Aufgabentyp: AA ☒ PA ☒ DA ☒

Individuelle Schülerantwort; bspw. Analysen:

Aussage 1: Ob der Hirntod einen Sterbeprozess darstellt oder den vollständigen Tod, ist philosophisch-religiös-kulturell umstritten, wenngleich es naturwissenschaftlich unstrittig ist. In dieser Aussage wird es jedoch als gegeben dargestellt, dass hirntot nicht tot bedeutet.

Aussage 2: „Jemandem" suggeriert eine Person. Nach deutschem Recht sind Verstorbene keine Personen mehr.

Aussage 3: Ein ausgefüllter Organspendeausweis bedeutet nicht automatisch, ein Organspender zu sein. Der Vergleich eines Menschen mit Recyclingware ist unpassend und unseriös.

Aussage 4: Ob der Hirntod einen Sterbeprozess darstellt oder den vollständigen Tod, ist philosophisch-religiös-kulturell umstritten, wenngleich es naturwissenschaftlich unstrittig ist. Nach deutschen Richtlinien entspricht der Hirntod dem Tod. In dieser Aussage wird es jedoch als gegeben dargestellt, dass hirntot nicht tot bedeutet.

Aussage 5: Um Zwang zum Organspenden geht es in der Debatte an keiner Stelle. Es bleibt die Entscheidung des einzelnen (oder seiner Angehörigen), ob er Organe spenden möchte, egal welche gesetzliche Regelung gilt. Der Begriff „Ersatzteillager" ist unpassend und unseriös.

Aussage 6: Schon die Formulierung „toter Körper" ist missverständlich. Nach deutschem Recht gilt der Hirntod als Tod. Hirntote Menschen werden an Herz-Lungen-Maschinen angeschlossen, wenn sie Organspender sind, damit die Organe weiterhin durchblutet und mit Sauerstoff versorgt werden. Damit wird aber keinesfalls der Mensch am Leben erhalten, denn er ist ja (hirn)tot. Würde man die Maschine abstellen, würden Herzschlag, Atmung und damit Organversorgung zum Erliegen kommen. Die Organentnahme ist so betrachtet keine Tötung, sondern ein chirurgischer Eingriff an einem verstorbenen Menschen.

Aussage 7: Die vermeintliche Gesetzgebung in Europa wird fälschlich dargestellt. Selbst in Ländern, in denen die Widerspruchsregelung gilt, haben die Angehörigen (auch von anderen Ländern) normalerweise Mitspracherecht.

Aussage 8: Zunächst müsste geklärt werden, was „Organraub" in diesem Zusammenhang bedeuten soll. Vermutlich steht dahinter der Gedanke, dass es mit einer Widerspruchslösung (deutlich) mehr Spenderorgane gäbe und es zu keinen ungerecht / falsch verteilten („geraubten") Organen käme. Dem lässt sich entgegnen, dass vieles gegen die Widerspruchslösung spricht (s. Aufgabe 2, S. 108) und dass es keinesfalls zu signifikant mehr Spenderorganen käme.

▶ S. 112

1 Kompetenzbereich: E ☒ K ☒ F ☒ B ☒
Aufgabentyp: AA ☒ PA ☒ DA ☐

A Jakob hält es für am wahrscheinlichsten, dass die Moleküle sich jeweils in nur eine konkrete Richtung bewegen können. Das ist daran erkennbar, dass er pro Molekül nur einen Pfeil eingezeichnet hat. Er hält genau die eingezeichnete Bewegungsrichtung insbesondere bei Molekül 1 für sehr wahrscheinlich, was man an der Länge des Pfeils erkennen kann. Seiner Meinung nach bewegen sich die Teilchen vorzugsweise von Bereichen mit höherer Konzentration des gelösten Stoffes in Bereiche mit niedriger Konzentration des gelösten Stoffes.

B Jakobs Lösung ist falsch, weil er glaubt, dass die Moleküle sich zielgerichtet in nur eine bestimmte Richtung bewegen (können). Tatsächlich kann sich jedoch jedes der drei Moleküle mit gleicher Wahrscheinlichkeit in alle Richtungen bewegen, unabhängig von der Konzentration der gelösten Substanz um dieses Molekül herum.

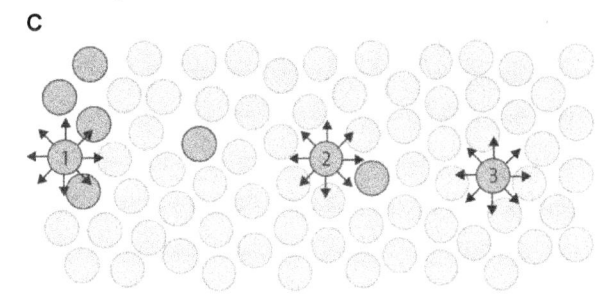

C

Cornelsen/newVision! GmbH, Bernhard A. Peter, Pattensen

2 Kompetenzbereich: E ☐ K ☒ F ☒ B ☐
Aufgabentyp: AA ☒ PA ☒ DA ☐

Beim Einatmen wird durch aktive Muskelkraft das Brustkorbvolumen erweitert. Diese Erweiterung geschieht bei der Bauchatmung durch Kontraktion des Zwerchfellmuskels, wodurch sich das Zwerchfell nach unten bewegt. Aufgrund der Erweiterung des Brustkorbs entsteht ein Unterdruck in der Lunge. Da es eine grundlegende Gesetzmäßigkeit ist, dass Gase stets aus Regionen mit höherem Druck in Regionen mit niedrigem Druck strömen, fließt nun Außenluft passiv in die Lungen nach. Man saugt die Luft also keinesfalls aktiv an. Beim Ausatmen entspannt sich die Zwerchfellmuskulatur und das Brustkorbvolumen verringert sich wieder. Der erhöhte Luftdruck in den Lungenbläschen drückt die Luft wieder über die Luftröhre aus dem Körper hinaus.

3	Kompetenzbereich:	E ☒	K ☐	F ☒	B ☐
	Aufgabentyp:	AA ☒	PA ☒	DA ☐	

Die Lunge ist in unzählige kleine luftgefüllte Kompartimente (Alveolen) unterteilt. Darum wird die Luft beim Hineinstechen in die Lunge nur lokal begrenzt, schwach und langsam entweichen – nur aus den konkret zerstörten Lungenbläschen. Im Gegensatz zu einem Luftballon, der eine einzige große luftgefüllte Kammer darstellt, platzt sie nicht bzw. fällt keinesfalls in sich zusammen.

4	Kompetenzbereich:	E ☒	K ☒	F ☒	B ☐
	Aufgabentyp:	AA ☒	PA ☒	DA ☐	

Das Diagramm veranschaulicht die Sauerstoffkonzentration im Blut in Abhängigkeit vom Sauerstoffpartialdruck in der Luft für zwei unterschiedliche Bedingungen. Auf der X-Achse ist jeweils der Sauerstoffpartialdruck der Luft in kPa aufgetragen, auf der y-Achse die Sauerstoffkonzentration im Blut in ml pro Liter Blut. Dabei zeigt die fett gezeichnete Kurve die Sauerstoffkonzentration für Blut an, in dem kein Kohlenstoffmonoxid an das Hämoglobin gebunden ist. Demgegenüber illustriert die dünn gezeichnete Kurve die Sauerstoffkonzentration im Blut, wenn die Hälfte des Hämoglobins mit Kohlenstoffmonoxid beladen ist. Bei beiden Kurven lässt sich erkennen, dass die Sauerstoffkonzentration im Blut mit steigendem Sauerstoffpartialdruck zunimmt, bis sie eine Sättigung erreicht. Normales Blut kann maximal 200 ml Sauerstoff pro Liter Blut aufnehmen. Demgegenüber vermag Blut, das zu 50% mit Kohlenstoffmonoxid beladen ist, nur maximal 100ml Sauerstoff pro Liter Blut aufzunehmen. Bei einer Beladung des Blutes mit 50% Kohlenstoffmonoxid kann also nur halb so viel Sauerstoff transportiert werden wie bei Blut ohne Kohlenstoffmonoxid.

Die Menschen sind daran gestorben, dass das Hämoglobin ihres Blutes zu einem hohen Anteil mit Kohlenstoffmonoxid beladen war, welches von der glimmenden Kohle abgegeben wurde, und daher keine ausreichende Versorgung ihrer Körper mit Sauerstoff möglich war.

▶ Seite 113

5	Kompetenzbereich:	E ☒	K ☒	F ☒	B ☐
	Aufgabentyp:	AA ☒	PA ☒	DA ☐	

A Bei dem Versuch drückt man das Blut aus dem Gefäß. Nimmt man den Zeigefinger (der Richtung Körper liegt) weg, so ist zu beobachten, dass kein Blut in das Blutgefäß fließt; es bleibt glatt und flach liegen. Nimmt man hingegen den Mittelfinger (der Richtung Hand liegt) weg, so kann man beobachten, wie Blut nachläuft und das Blutgefäß sich schnell wieder mit Blut füllt.

B In diesem Blutgefäß fließt das Blut nur in eine Richtung, nämlich Richtung Körper bzw. zum Herzen. Beim Wegnehmen des Zeigefingers wird ein Rückstrom des Blutes anscheinend verhindert, vermutlich durch innere „Tore" in dem Blutgefäß.

C Bei den peripheren Blutgefäßen auf dem Handrücken handelt es sich um Venen. Venen transportieren O_2-armes Blut zum Herzen hin (Ausnahme: Lungenvene, die O_2-reiches Blut zum Herzen transportiert). In den Venen befinden sich Venenklappen, die - bei voller Funktionstüchtigkeit - als Einwegklappen verhindern, dass das Blut zurück in die andere Richtung strömt. Arterien können es nicht sein, sie haben keine inneren Klappen. Kapillaren können es ebenfalls nicht sein, da sie mit dem bloßen Auge nicht erkennbare, ganz zarte Blutgefäße darstellen.

6	Kompetenzbereich:	E ☒	K ☒	F ☒	B ☐
	Aufgabentyp:	AA ☒	PA ☒	DA ☐	

A Der Bau der verschiedenen Gefäßtypen ist ihrer unterschiedlichen Funktion angepasst.

So sind die Wände der Arterien insbesondere mit elastischen Bindegewebsfasern und glatter Muskulatur ausgestattet, wodurch sie dem starken Druck des aus dem Herzen kommenden Blutes standhalten können. Zudem sorgen die elastischen Fasern der Arterien dafür, dass das Blut weiter vorangetrieben wird: Während der Systole werden die Arterien gedehnt, während der Diastole kommen sie in ihren ungedehnten Ursprungszustand zurück. Dabei üben sie durch ihre elastischen Rückstellkräfte Druck auf das Blut aus und treiben es weiter voran. Dieses rhythmische Ausdehnen erzeugt eine Druckwelle, die wir an verschiedenen Stellen des Körpers – z.B. am Handgelenk – als Puls spüren können. Somit wird in dem Versuch der Puls der Arterie am Handgelenk durch das wippende Streichholz sichtbar gemacht.

B Systole: Herzmuskel wird angespannt, Blut wird aus der linken Herzkammer in die Körperschleife des Blutkreislaufs gedrückt → Blut gelangt in die Arterien → die elastischen Arterien werden durch die Druckwelle der Systole gedehnt → Diastole: Herzmuskel entspannt sich, Arterien kommen in ungedehnten Zustand zurück → Rückstellkräfte der Arterien treiben das Blut weiter voran → rhythmisches Dehnen der Arterien gekoppelt an die Systole erzeugt Druckwelle → Druckwelle ist an verschiedenen Stellen des Körpers als Puls spürbar → Reißzwecke auf Arterie am Handgelenk wippt im Takt der arteriellen Druckwelle

C Wie in A beschrieben handelt es sich um eine Arterie. Venen besitzen nur eine dünne Muskelschicht und sind nicht so elastisch. Zudem sind sie nicht der Druckwelle des Herzschlags unterworfen. Kapillaren sind viel feinere, mit bloßem Auge nicht sichtbare Blutgefäße mit nur einschichtiger Wand, die Organe und Gewebe wie ein feines Geflecht umgeben und den Stoffaustausch ermöglichen.

Gasaustausch und Atemgastransport im Blutkreislauf

7 Kompetenzbereich: E ☒ K ☐ F ☒ B ☐
Aufgabentyp: AA ☒ PA ☒ DA ☐

a) Für den Blutkreislauf ist kein geteiltes Herz notwendig. (1)
b) Es liegt ein „doppelter" Kreislauf mit Körper- und Lungenkreislauf vor. (2, 3)
c) Die verschiedenen Organe werden in unterschiedlichem Umfang mit Sauerstoff versorgt. (3)
d) Für die gleichmäßige Sauerstoffversorgung ist eine Zweiteilung des Herzens sinnvoll. (2, 3)
e) Die Anreicherung des Blutes mit Sauerstoff wird bedacht. (1, 2, 3)
f) Es liegt ein einfacher Blutkreislauf ohne Differenzierung in Körper- und Lungenkreislauf vor. (1)
g) Es kommt zu einer Durchmischung von sauerstoffreichem und sauerstoffarmem Blut. (2, 3)
h) Das Gehirn wird in den Lungenkreislauf eingebunden. (1, 3)

Energiebereitstellung in der Zelle
(Seiten 114–123)

▶ S. 115

1	Kompetenzbereich:	E ☒	K ☐	F ☒	B ☐
	Aufgabentyp:	AA ☐	PA ☐	DA ☒	

Tätigkeiten: Schlafen, schwere körperliche Arbeit, Denken, sportliche Aktivität, Freiklettern
Teilweise kann über individuelle Schülerantworten diskutiert werden. Beim „Schlafen" muss sicherlich am wenigsten Energie bereitgestellt werden. Beim „Denken" wird vor allem das „Gehirn" und weniger die Muskulatur beansprucht. Beim Vergleich der anderen Tätigkeiten kommt es auf die Intensität und Dauer der Belastung an, weshalb hier die Reihenfolge gegebenenfalls verändert werden kann.

2	Kompetenzbereich:	E ☐	K ☒	F ☒	B ☐
	Aufgabentyp:	AA ☒	PA ☐	DA ☐	

Allgemein gilt, dass in der Regel der Stoffabbau freiwillig bzw. der Stoffaufbau nicht freiwillig ablaufen. Als Stoffabbau können Gärung- oder Atmungsvorgänge genannt werden. Stoffaufbau umfasst Reaktionen wie den Aufbau von Fetten, die Bildung von Glykogen usw.

▶ S. 116

1	Kompetenzbereich:	E ☐	K ☐	F ☒	B ☐
	Aufgabentyp:	AA ☐	PA ☒	DA ☒	

Unter energetischer Kopplung wird allgemein verstanden, wenn zwei Vorgänge miteinander verbunden sind und voneinander abhängen. Der gebildete Stoff kann durch Reaktion weitere Vorgänge ermöglichen. Beim „Verbrennen" von Glucose entsteht ATP, d.h. der Abbau von Glucose bedingt gleichzeitig den Aufbau von ATP. Dies wird auch durch die Bewegung der Wippe verdeutlicht.

2	Kompetenzbereich:	E ☐	K ☒	F ☒	B ☐
	Aufgabentyp:	AA ☒	PA ☐	DA ☒	

A Ein Handwärmer wird aktiviert: Bei der Aktivierung eines Handwärmers handelt es nicht um eine gekoppelte Reaktion. Hier wird kein Stoff gebildet, der andere Reaktionen ermöglicht. Nach Zuführung von Aktivierungsenergie wird lediglich Wärme an die Umgebung abgegeben.
B Ein Tanklaster füllt den Heizungstank eines Hauses: Hier wird Heizöl als Energieträger nur vom Tanklaster ins Haus befördert. Auch hier wird mit Hilfe des Heizöls kein neuer Vorgang ermöglicht. Individuelle Schülerantworten sind zu diskutieren.

C Die überschüssige Energie eines Kraftwerks wird nachts genutzt, um Wasser in einen Stausee zu pumpen. Tagsüber wird das Wasser aus dem Stausee durch Turbinen geleitet, um Strom zu erzeugen: Das gepumpte Wasser kann als Modell für die Bildung von ATP verwendet werden. Durch das Antreiben der Turbinen werden weitere Vorgänge ermöglicht.

D Ein Auto mit Verbrennungsmotor: Hier können individuelle Schülerantworten diskutiert werden. Durch die Verbrennung des Treibstoffs wird die Energie von diesem in kinetische Energie umgewandelt. Die Bewegung wird aber für keine weiteren Vorgänge verwendet. Aus diesem Grund liegt keine energetische Kopplung vor.

3	Kompetenzbereich:	E ☐	K ☒	F ☒	B ☐
	Aufgabentyp:	AA ☒	PA ☒	DA ☐	

Als Grundlage kann hier wieder das Modell der Wippe verwendet werden.

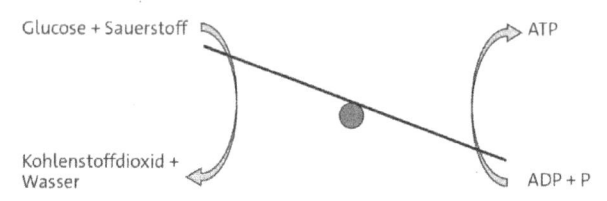

Glucose + Sauerstoff → ATP
Kohlenstoffdioxid + Wasser ← ADP + P

Cornelsen/newVision! GmbH, Bernhard A. Peter, Pattensen

4	Kompetenzbereich:	E ☒	K ☐	F ☒	B ☐
	Aufgabentyp:	AA ☒	PA ☐	DA ☐	

Für Profis:
M = 35g; M= 507 g/mol; Anzahl der Zellen = $60 \cdot 10^{12}$
$n = \frac{m}{M}$; n= 0,069 mol
Anzahl der gesamten ATP-Moleküle N = N_A
n = $4{,}156 \cdot 10^{22}$
Anzahl der Moleküle pro Zelle = $\frac{4{,}156 \cdot 10^{22}}{60 \cdot 10^{12}}$ = $6{,}9 \cdot 10^{8}$

▶ S. 117

5	Kompetenzbereich:	E ☐	K ☒	F ☒	B ☐
	Aufgabentyp:	AA ☐	PA ☒	DA ☐	

Im ersten Fall wird durch die Reaktion von ATP mit dem Enzym1 eine Änderung der räumlichen Struktur herbeigeführt. Dadurch können Moleküle durch die Zellmembran gelangen.
Im zweiten Fall bewirkt die Reaktion von ATP mit Enzym 2 die Bildung eines Produkts aus zwei Edukten.

6	Kompetenzbereich:	E ☐	K ☐	F ☒	B ☐
	Aufgabentyp:	AA ☐	PA ☒	DA ☐	

Im Gehirn finden unzählige Aktionspotentiale statt, also elektrische Signale. Als Voraussetzung hierfür muss mithilfe von ATP und einem Enzym, der Natrium-Kalium-Pumpe, einen Ionengradient erzeugt werden.

Energiebereitstellung in der Zelle

7 Kompetenzbereich: E ☐ K ☒ F ☒ B ☐
Aufgabentyp: AA ☒ PA ☒ DA ☐

Situation 1: Der Akku eines Autos wird aufgeladen. Die elektrische Energie wird dazu genutzt, das Auto fortzubewegen. Ansonsten wird damit kein weiterer Prozess ermöglicht. Dieses Modell ist daher unter diesem Aspekt weniger geeignet. Wenn diskutiert wird, dass durch die elektrische Energie weitere Systeme wie Klimaanlage usw. angetrieben werden, ist es als Modell besser geeignet.

Situation 2: Mithilfe eines Akkus können verschiedene Geräte betrieben werden.
Durch die Vielzahl an Geräten, welche mit ein und demselben Akku betrieben werden können, beschreibt dieses Modell ATP als universellen Energieträger gut.

Situation 3: Mithilfe von Bargeld wird bezahlt.
Da alle Geldstücke den gleichen Wert haben, beschreibt dieses Modell ATP als universellen Energieträger gut.

8 Kompetenzbereich: E ☒ K ☐ F ☒ B ☐
Aufgabentyp: AA ☒ PA ☒ DA ☐

A Vor der Kontraktion wird ATP gebunden, um das Myosinköpfchen vom Aktinfilament abzulösen. Anschließend wird ATP gespalten und der Kopf vorgespannt. Anschließend bindet der Myosinkopf ans Aktinfilament. Während der Kontraktion kippt das Myosinköpfchen durch Freisetzung der Spaltprodukte und der Muskel verkürzt sich.
Kurz nach der Kontraktion ist das Myosinköpfchen fest mit dem Aktinfilament verbunden.

B Durch die große Anzahl an Sarkomeren (Einheiten, die sich verkürzen), verkürzt sich der Gesamtmuskel um mehrere Zentimeter.

▶ S. 118

1 Kompetenzbereich: E ☐ K ☐ F ☒ B ☐
Aufgabentyp: AA ☐ PA ☒ DA ☐

$C_6H_{12}O_6 + 6\ O_2 + 30\ ADP + 30\ P \rightarrow 6\ CO_2 + 6\ H_2O + 30\ ATP$

2 Kompetenzbereich: E ☐ K ☐ F ☒ B ☐
Aufgabentyp: AA ☒ PA ☐ DA ☐

Für Profis:
M = 500g; M = 507 g/mol
$n = \frac{m}{M}$; n = 0,99 mol
Anzahl der zu regenerierten ATP-Moleküle $N = N_A$
$n = 5{,}94 \cdot 10^{23}$

Antwort: Pro Minute müssen etwa $5{,}94 \cdot 10^{23}$ ATP-Moleküle regeneriert werden.

3 Kompetenzbereich: E ☐ K ☐ F ☒ B ☐
Aufgabentyp: AA ☐ PA ☒ DA ☐

Das zugrunde liegende Prinzip ist das Prinzip der Oberflächenvergrößerung. Durch die starke Faltung der inneren Membran, ist die zur Reaktion zur Verfügung stehenden Fläche stark vergrößert. Das gleiche Prinzip findet sich bei Chloroplasten auf zellulärer Ebene sowie bei der Lunge oder beim Darm.

4 Kompetenzbereich: E ☒ K ☐ F ☒ B ☐
Aufgabentyp: AA ☐ PA ☒ DA ☒

Individuelle Schülerantwort
Durch das Fehlen von ATP in der Zelle kommen alle Vorgänge zu erliegen. Hier können viele Symptome diskutiert werden. Allgemein kommt es zu Schwächeerscheinungen und Koma. Der Tod kann innerhalb von 24h eintreten.

5 Kompetenzbereich: E ☐ K ☒ F ☐ B ☐
Aufgabentyp: AA ☒ PA ☐ DA ☐

Individuelle Schülerantwort

▶ S. 119

1 Kompetenzbereich: E ☐ K ☐ F ☒ B ☐
Aufgabentyp: AA ☒ PA ☒ DA ☐

Die aerobe Energieversorgung hängt davon ab, wie schnell Sauerstoff den Zellen bereitgestellt werden kann, bzw. wie schnell Kohlenstoffdioxid abtransportiert wird. Begrenzende Faktoren sind die Geschwindigkeit der Diffusion sowie der Transport der Gase durch das Kreislaufsystem.

2 Kompetenzbereich: E ☐ K ☒ F ☒ B ☐
Aufgabentyp: AA ☒ PA ☒ DA ☒

Beschreibung: Die Bereitstellung von ATP, welches durch aerobe Vorgänge gebildet wird, beginnt erst ab ca. 10s. Danach gilt: Je länger die Dauer der Belastung ist, desto höher ist der Anteil an aerob gebildetem ATP. Im Zeitraum von 0-10s muss ATP über Vorgänge gebildet werden, welche vom Sauerstoff unabhängig sind. Die Kurve muss so ergänzt werden, dass die Summe der Anteile stets 100% ergibt. Da an dieser Stelle das Vorwissen der Schüler begrenzt ist, sind individuelle Schülerantworten zu diskutieren.

3 Kompetenzbereich: E ☐ K ☐ F ☒ B ☐
Aufgabentyp: AA ☒ PA ☒ DA ☐

$C_6H_{12}O_6 + 2\ ADP + 2\ P \rightarrow 2\ C_3H_6O_3 + 2\ ATP$

4	Kompetenzbereich:	E ☒	K ☐	F ☒	B ☐
	Aufgabentyp:	AA ☒	PA ☐	DA ☐	

Effizienz bzw. Wirkungsgrad $\eta = \frac{\text{Energie aus 30 mol ATP}}{\text{Energie aus 1 mol Glucose}}$;

η (aerob) = 32%;

$\frac{\text{Energie aus 2 mol ATP}}{\text{Energie aus 1 mol Glucose}}$ η (anaerob) = 2,1%

5	Kompetenzbereich:	E ☐	K ☐	F ☒	B ☐
	Aufgabentyp:	AA ☐	PA ☒	DA ☐	

Der Sauerstoffgehalt der Atmosphäre hat sich erst durch die Entwicklung der Photosynthese deutlich erhöht. Bakterien, welche sich vor diesem Zeitpunkt entwickelt haben, mussten ihre Energie auf anaeroben Weg bereitstellen. Dieser Weg ist evolutiv älter.

6	Kompetenzbereich:	E ☒	K ☐	F ☒	B ☐
	Aufgabentyp:	AA ☐	PA ☒	DA ☒	

Individuelle Schülerantwort
Hier kann die Hypothese aufgestellt werden, dass entweder ATP schon vorhanden ist oder generell noch andere Vorgänge eine Rolle spielen, bei welchen ATP gebildet wird.

▶ S. 120

1	Kompetenzbereich:	E ☒	K ☒	F ☒	B ☐
	Aufgabentyp:	AA ☒	PA ☐	DA ☐	

An dieser Stelle können individuelle Schülerantworten diskutiert werden. Aus der Abbildung wird deutlich, dass ATP zum kleinen Teil schon in der Zelle vorliegt und zu Beginn zudem aus dem Zerfall „Energiereicher Moleküle" gebildet wird.

2	Kompetenzbereich:	E ☒	K ☐	F ☒	B ☐
	Aufgabentyp:	AA ☐	PA ☒	DA ☐	

Die Bildung aus dem Zerfall „Energiereicher Moleküle" ist wichtig, um die Lücke zwischen dem Zerfall von vorhandenem ATP und der Bildung von ATP über anaerobe Vorgänge zu schließen.

3	Kompetenzbereich:	E ☐	K ☒	F ☒	B ☐
	Aufgabentyp:	AA ☒	PA ☒	DA ☐	

Individuelle Schülerantwort
Es ist stets darauf zu achten, dass die Summe der vorhandenen Anteile stets 100% ergeben.

4	Kompetenzbereich:	E ☐	K ☒	F ☒	B ☐
	Aufgabentyp:	AA ☒	PA ☒	DA ☐	

Die Ausprägung der einzelnen Phasen ist vom Trainingszustand und der Intensität der Belastung abhängig. Zu Beginn eines Laufes in Ruhe ist die Atmung relativ flach. Die Frequenz beträgt ca. 10-15 Atemzüge pro Minute. Die Herzfrequenz beträgt in Abhängigkeit vom Trainingszustand ca. 80 Schläge pro Minute. (1) Mit fortlaufender Zeitdauer und andauernder Belastung steigt die Herzfrequenz. Die Atmung wird tiefer. Es finden mehr Atemzüge pro Minute statt. Diese Vorgänge gewährleisten, dass vermehrt Sauerstoff aufgenommen und zu den Zellen transportiert wird. (2-3) Da die Menge an Sauerstoff, welche pro Zeiteinheit umgesetzt werden kann, begrenzt ist, führt auch eine weitere Steigerung der Atmungsaktivität zu keiner vermehrten Umsetzung (4).

5	Kompetenzbereich:	E ☐	K ☐	F ☒	B ☐
	Aufgabentyp:	AA ☐	PA ☒	DA ☐	

Die Folgen eines Verlustes des anaeroben Abbaus können aus Abbildung 2 abgeleitet werden. Nach Verbrauch der „Energiereichen Moleküle" würde die Leistungsfähigkeit stark absinken.

6	Kompetenzbereich:	E ☐	K ☐	F ☒	B ☐
	Aufgabentyp:	AA ☒	PA ☒	DA ☐	

Für Profis: Dass man nach dem Lauf außer Puste ist, ist ein Zeichen dafür, dass auf anaerobem Weg ATP im Körper regeneriert wurde. Da hierbei Milchsäure gebildet wird, reichert sich diese im Körper an. Die Milchsäure wird in Anwesenheit von Sauerstoff zu Kohlenstoffdioxid und Wasser umgesetzt, wobei ATP-Moleküle regeneriert werden. Hierfür muss noch für einige Zeit zusätzlicher Sauerstoff über die Lungen aufgenommen werden. Da dieser Sauerstoff für eine körperliche Belastung benötigt wird, die bereits abgeschlossen ist, spricht man in diesem Zusammenhang auch von einer Sauerstoffschuld.

▶ S. 121

1	Kompetenzbereich:	E ☐	K ☐	F ☒	B ☐
	Aufgabentyp:	AA ☐	PA ☒	DA ☐	

Bei der Messung des Laktatwertes muss der Sportmediziner sehr genau die einzelnen Messwerte wie Herzfrequenz, Atemfrequenz usw. erfassen. Zudem muss er in der Lage sein, die Belastung zu regulieren. Dies kann beim Training mit einem Ergometer gewährleistet werden.

Energiebereitstellung in der Zelle

2 Kompetenzbereich: E ☐ K ☐ F ☒ B ☐
Aufgabentyp: AA ☐ PA ☒ DA ☐

Die Abbildung zeigt, dass ein trainierter Muskel von mehr Blutgefäßen (Kapillaren) durchzogen ist. Daher können hier Stoffe effizienter zugeführt oder abtransportiert werden, da die Stoffe durch Diffusion ins Blut gelangen. Hier liegt also eine kürzere Diffusionsstrecke vor.

3 Kompetenzbereich: E ☒ K ☐ F ☐ B ☐
Aufgabentyp: AA ☒ PA ☐ DA ☐

Individuelle Schülerantwort
Ausdauertraining verbessert die Fettverbrennung, stärkt das Immunsystem, verbessert das „Blutbild" und reduziert das Herzinfarkt-Risiko deutlich. Auf zellulärer Ebene nimmt die Anzahl der Mitochondrien zu.

4 Kompetenzbereich: E ☒ K ☐ F ☐ B ☐
Aufgabentyp: AA ☒ PA ☐ DA ☐

Individuelle Schülerantwort

5 Kompetenzbereich: E ☐ K ☐ F ☒ B ☐
Aufgabentyp: AA ☐ PA ☒ DA ☐

Durch die Erhöhung der Mitochondrien und die verstärkte Kapillarisierung können trainierte Personen ihren Energiebedarf zum größeren Teil mithilfe der aeroben Vorgänge decken. Die Konzentration von Laktat ist bei ihnen bei gleicher Belastung im Vergleich niedriger. Die Kurven sind daher folgendermaßen zuzuordnen: Person 3 – untrainierte Person, Person 2 – Leistungssportler, Person 1 – mäßig trainierte Person

▶ **S. 122**

1 Kompetenzbereich: E ☐ K ☐ F ☒ B ☐
Aufgabentyp: AA ☒ PA ☒ DA ☐

Individuelle Schülerantwort
Bei der Erstellung der Trainingspläne sollen die Anforderungen an die Sportart beachtet werden. Zudem soll der Trainingsplan Erholungsphasen beinhalten. Darüber hinaus können individuell gestaltete Pläne diskutiert werden.

2 Kompetenzbereich: E ☒ K ☐ F ☒ B ☐
Aufgabentyp: AA ☒ PA ☒ DA ☐

Sprinter brauchen viel Muskelmasse, da sie sehr schnell ihre maximale Geschwindigkeit erreichen müssen. Die Energie wird bedingt durch die kurze, hohe Intensität der Belastung ausschließlich durch anaerobe Vorgänge bereitgestellt.
Langstreckenläufer haben weniger Muskelmasse. Die Muskeln müssen aber stark durchblutet sein, damit sie gut mit Sauerstoff versorgt werden können. Zudem ist die Anzahl der Mitochondrien erhöht.

3 Kompetenzbereich: E ☐ K ☐ F ☒ B ☐
Aufgabentyp: AA ☒ PA ☒ DA ☐

Zwei Veränderungen können beschrieben werden. Links nimmt die Anzahl an Kapillaren zu. Damit steigt die Versorgung des Muskels mit Sauerstoff oder Nährstoffen. Die Größe des Muskelquerschnitts ändert sich nicht. Eine mögliche Sportart ist Marathonlauf.
Rechts nimmt die Größe des Muskelquerschnitts zu. Die Muskelmasse steigt. Da die Anzahl an Blutgefäßen nicht zunimmt, ist der Muskel für kurze und hohe Intensitäten besser geeignet. Eine mögliche Sportart ist 100m Sprint.

4 Kompetenzbereich: E ☒ K ☐ F ☒ B ☒
Aufgabentyp: AA ☒ PA ☒ DA ☐

A Beim Fußball sind die Anforderungen wie beschrieben sehr vielfältig. Die Skizze muss also im Vergleich mit dem untrainierten Muskel mehr Kapillaren aufweisen, aber weniger als der Muskel eines Marathonläufers. Der Querschnitt ist vergrößert, aber nicht so stark, wie bei einem Sprinter.

B Skizze wie in A beschrieben

C Durch die variablen Anforderungen sind absolute Spitzenleistungen in speziellen Bereichen nicht oder nur schwer zu erreichen. So gibt es zwar sehr athletische, schnelle Spieler, die eine hohe Muskelmasse aufweisen. Eine weitere Steigerung in diesem Bereich würde jedoch eine Einbuße bei der Ausdauer nach sich ziehen, da die Muskeln besser versorgt werden müssen.

▶ **Seite 123**

1 Kompetenzbereich: E ☒ K ☐ F ☒ B ☐
Aufgabentyp: AA ☒ PA ☒ DA ☐

Es kommt zur Totenstarre, da sich in den Muskelzellen die Aktin- und Myosinfilamente nicht mehr voneinander lösen können, weil aufgrund des erloschenen Stoffwechsels kein ATP mehr zur Verfügung steht. Wenn die Zellen beginnen, sich zu zersetzen, löst sich die Totenstarre wieder.

2 Kompetenzbereich: E ☒ K ☐ F ☒ B ☐
Aufgabentyp: AA ☒ PA ☒ DA ☐

A Die Leber, weil sie mit zahlreichen Stoffwechsel- und Abbauprozessen beschäftigt ist. Die Skelettmuskulatur, weil für jegliche Muskelkontraktion bei allen Bewegungen und schon bei der Körperhaltung die Zellen viel ATP benötigt wird.

B Die Zahl der Mitochondrien ist in den Zellen dieser Organe besonders hoch.

3	Kompetenzbereich:	E ☒	K ☐	F ☒	B ☐
	Aufgabentyp:	AA ☒	PA ☒	DA ☐	

Das Modell zeigt eine (fast) entladene und eine vollgeladene Batterie. Indem energiereiche Glucosemoleküle in energiearme Kohlenstoffdioxid- und Wassermoleküle abgebaut werden, kann die Batterie aufgeladen werden, indem die Energie aus den Glucosemolekülen auf die Batterie übertragen wird. Die in der Batterie gespeicherte Energie wird verwendet, um z.B. aus Aminosäuremolekülen Proteinmoleküle herzustellen. Das Laden der Batterie entspricht der Herstellung von ATP-Molekülen und das Entladen der Batterie dem Abbau von ATP in ADP und ein Phosphatmolekül. Der Aufbau von Proteinmolekülen (im Modell = Entladung der Batterie) ist energetisch an den Abbau von Glucosemolekülen (im Modell = Aufladen der Batterie) gekoppelt. Darum spricht man auch von energetischer Kopplung.

4	Kompetenzbereich:	E ☐	K ☐	F ☒	B ☐
	Aufgabentyp:	AA ☐	PA ☒	DA ☐	

Die richtige Antwort ist c). Bei a) stimmt die angesprochene „Umwandlung" so nicht. ATP ist ein Energiespeichermolekül, welches beim Abbau von energiereichen Molekülen (z.B. Glucose) in energieärmere Moleküle aufgebaut wird. Bei b) wird fälschlicherweise angenommen, dass Masse in Energie umgewandelt werden könnte. Energie ist jedoch kein Stoff, daher kann auch kein Stoff / keine Masse in Energie umgewandelt werden.

5	Kompetenzbereich:	E ☒	K ☒	F ☒	B ☐
	Aufgabentyp:	AA ☒	PA ☒	DA ☐	

Da Erythrozyten keine Mitochondrien besitzen, können sie keine Energie durch Zellatmung – also nicht auf aerobem Weg - gewinnen. Der Vorteil der anaeroben Energiegewinnung liegt darin, dass sie den Sauerstoff, den sie transportieren, nicht direkt selbst für Zellatmungsprozesse verbrauchen.

6	Kompetenzbereich:	E ☐	K ☐	F ☒	B ☐
	Aufgabentyp:	AA ☐	PA ☒	DA ☐	

Bei Sauerstoffzufuhr ...
... wird mit geringer Geschwindigkeit Glucose verbraucht.
... entsteht wenig Milchsäure.
... entsteht viel ATP.
... findet intensive Zellatmung statt.
... wächst die Hefepopulation stark.

Bei Sauerstoffentzug ...
... wird mit hoher Geschwindigkeit Glucose verbraucht.
... entsteht viel Milchsäure.
... entsteht wenig ATP.
... findet intensive Gärung statt.
... wächst die Hefepopulation kaum.

7	Kompetenzbereich:	E ☐	K ☐	F ☒	B ☐
	Aufgabentyp:	AA ☐	PA ☒	DA ☐	

Aussage a) (ganz oben): Energie ist nicht stofflich. Aus (stofflicher) Nahrung kann also keine Energie hergestellt werden.

Aussage b) (2. von oben): Energie ist nicht stofflich, kann also auch nicht aus Teilchen bestehen.

Aussage c) (mittlere): Strahlung ist eine Energieform und kann somit nicht einen Stoff bzw. in Moleküle wie Glucose umgewandelt werden.

Aussage d) (2. von unten): Energie kann nicht verbraucht, sondern nur umgewandelt und übertragen werden.

Aussage e) (ganz unten): Energie ist nicht stofflich. Auch aus Kohlenhydraten (= Stoff) kann also keine Energie entstehen.

Vergangenheit und Zukunft des Menschen
(S. 124–139)

▶ Seite 124

1	Kompetenzbereich:	E ☒	K ☐	F ☒	B ☐
	Aufgabentyp:	AA ☒	PA ☐	DA ☒	

Individuelle Schülerantwort
Mögliche Unterschiede:
Der Mensch …
… trägt Kleidung
… nutzt das Feuer
… kann lesen und schreiben
… nutzt Werkzeuge
… macht neue Erfindungen
… kann religiös sein
… ist in der Lage nach ethisch-moralischen Prinzipien zu handeln
… kann Vorstellungen entwickeln, die sich nicht auf konkrete Sinneswahrnehmungen beziehen (z.B. Mathematik)
…
Auch wenn einzelne der oben aufgeführten Beispiele auch im Tierreich vorkommen, so findet sich deren Kombination nur beim Menschen.

2	Kompetenzbereich:	E ☒	K ☒	F ☐	B ☐
	Aufgabentyp:	AA ☒	PA ☐	DA ☐	

Individuelle Schülerantwort
Paläoanthropologen graben nach Fossilien, den Überresten längst verstorbener Lebewesen, der menschlichen Vorfahren und werten diese Funde aus, um Einblicke in die Lebensweisen ausgestorbener Arten und deren evolutionäre Entwicklung zu gewinnen.

3	Kompetenzbereich:	E ☐	K ☐	F ☒	B ☐
	Aufgabentyp:	AA ☐	PA ☐	DA ☒	

Die Fußabdrücke ähneln von ihrer Form her denen von Menschen. Ihre Anordnung deutet auf eine aufrechte Gangart hin.

4	Kompetenzbereich:	E ☐	K ☐	F ☒	B ☒
	Aufgabentyp:	AA ☐	PA ☐	DA ☒	

Individuelle Schülerantwort
Zum Beispiel: Ernährung der Bevölkerung, ausreichend Wohn- und Lebensraum, Ausbau der Infrastruktur, Versorgung mit Kleidung und sonstigen Gütern etc.

▶ Seite 125

1	Kompetenzbereich:	E ☒	K ☐	F ☐	B ☐
	Aufgabentyp:	AA ☒	PA ☐	DA ☐	

Das erste Auftreten der gefragten Gruppen von Lebewesen kann zum Teil der Grafik sowie den folgenden Lehrbuchseiten bzw. einer Internetrecherche entnommen werden:
Fische: vor ca. 450 Mio. Jahren
Landpflanzen (*Rhynia*): vor ca. 425 Mio. Jahren
Dinosaurier (*Edaphosaurus*): vor ca. 300 Mio. Jahren
Säugetiere: vor ca. 210 Mio. Jahren
Menschenaffen: vor ca. 22 Mio. Jahren
Vormenschen: vor ca. 2,5 Mio. Jahren
Jetztmenschen: vor ca. 315.000 Jahren

3,5 Mrd. Jahre entsprechen nach obigem Anschauungsbeispiel 24 Stunden bzw. 1.440 Minuten
3,5 Mrd. Jahre / 1440 →
ca. 2,43 Mio. Jahre entsprechen einer Minute
ca. 40.500 Jahre entsprechen einer Sekunde

Fische: ca. 3h 5min vor Mitternacht (20:55 Uhr)
Landpflanzen: 2h 55min vor Mitternacht (21:05 Uhr)
Dinosaurier: ca. 2h 3min vor Mitternacht (21:57 Uhr)
Säugetiere: ca. 1h 26min vor Mitternacht (22:34 Uhr)
Menschenaffen: ca. 9min vor Mitternacht (23:51 Uhr)
Vormenschen: ca. 1min vor Mitternacht (23:59 Uhr)
Jetztmenschen: ca. 8s vor Mitternacht

2	Kompetenzbereich:	E ☒	K ☒	F ☒	B ☐
	Aufgabentyp:	AA ☒	PA ☐	DA ☒	

A Durch Massenaussterben wurden ökologische Nischen frei, die zuvor besetzt waren. Lebewesen, die das Massenaussterben überlebt haben und deren Nachfahren besetzten diese ökologischen Nischen. Dabei konnten es im Laufe der Geschichte zur Ausbildung vieler neuer Arten kommen. Beispielsweise gehen viele Wissenschaftler davon aus, dass erst das Aussterben der Dinosaurier den Weg ebnete für die Vielfalt der heute bekannten Säugetierarten.

B Das sechste große Massenaussterben passiert nach Ansicht vieler Expertinnen und Experten derzeit vor unseren Augen. Im Mai 2019 veröffentlichte der Weltbiodiversitätsrat IPBES seinen Globalen Bericht, dem zufolge eine Millionen Arten innerhalb der nächsten Jahrzehnte akut bedroht sind.
Als Hauptursache gilt die Zerstörung der Lebensräume vieler Tierarten durch den Menschen.

3	Kompetenzbereich:	E ☐	K ☐	F ☒	B ☒
	Aufgabentyp:	AA ☐	PA ☐	DA ☒	

Im Laufe der Evolution kommt es bei vielen Lebewesen zur Ausbildung immer komplexerer Strukturen (Kreislaufsysteme, leistungsfähige Gehirne etc.). Dies ist jedoch nicht immer der Fall. So können beispielsweise

Strukturen auch wieder reduziert werden, wenn dies einen evolutionsbiologischen Vorteil mit sich bringt. Beispiele hierfür wären die Reduktion der Beine bei Schlangen oder des Kopfes bei Muscheln.

▶ Seite 126

1	Kompetenzbereich:	E ☒	K ☐	F ☒	B ☒
	Aufgabentyp:	AA ☒	PA ☐	DA ☒	

Der Mensch entwickelte im Laufe seiner Evolutionsgeschichte ein immer leistungsfähigeres Gehirn, dass schließlich zur Ausbildung eines Bewusstseins führte. Dieses Bewusstsein in Verbindung mit der kulturellen Evolution und Errungenschaften wie der Beherrschung des Feuers, der Entwicklung von Kunst und Technologie führte schon vor Jahrtausenden dazu, dass sich der Mensch in seinem Selbstverständnis von anderen Lebewesen abgrenzte.

2	Kompetenzbereich:	E ☐	K ☐	F ☒	B ☐
	Aufgabentyp:	AA ☒	PA ☒	DA ☒	

Alle Wirbeltiere besitzen eine stützende Wirbelsäule.

Die gemeinsamen Merkmale der Säugetiere wären unter anderem vier Gliedmaßen (bei einigen Arten reduziert), ein den Körper bedeckendes Fell (bei einigen Arten reduziert), das Heranwachsen des Embryos im Mutterleib (bei Beuteltieren nur teilweise der Fall) sowie die Ernährung der Nachkommen mit Muttermilch.

3	Kompetenzbereich:	E ☒	K ☐	F ☒	B ☐
	Aufgabentyp:	AA ☐	PA ☒	DA ☒	

Primaten besitzen Greifhände und -füße mit einem beweglichen Daumen bzw. großen Zeh. Zudem besitzen die meisten Primaten starke, verlängerte Arme, die das Klettern erleichtern.

4	Kompetenzbereich:	E ☒	K ☐	F ☒	B ☒
	Aufgabentyp:	AA ☐	PA ☒	DA ☒	

Das Leben auf Bäumen bietet einen gewissen Schutz vor Beutegreifern. Zudem liefern viele Bäume energiereiche Nahrung in Form von Früchten.

Nachteile dieser Lebensweise wären unter anderem die Abhängigkeit von Baumbeständen, die Gefahr des Absturzens sowie die Tatsache, dass die Bewegungsabläufe auf das Leben auf Bäumen angepasst sind und die Beweglichkeit am Boden somit oft eingeschränkt ist.

5	Kompetenzbereich:	E ☒	K ☐	F ☒	B ☐
	Aufgabentyp:	AA ☒	PA ☒	DA ☐	

Der aufrechte Gang des Menschen begünstigte Individuen, deren Füße besser an diese Art der Fortbewegung angepasst waren. Dadurch entstand im Laufe der Evolution der heutige Schreitfuß des Menschen. Die Beweglichkeit des großen Zehs, die anderen Primaten beim Klettern hilft, ging somit nach und nach verloren. Durch den aufrechten Gang wurden zudem die Hände nicht mehr für die Fortbewegung benötigt. Sie standen nun vor allem zum Sammeln, Jagen und Herstellen von Werkzeugen und Gegenständen zur Verfügung. Individuen, deren Daumen beweglicher waren, hatten hierbei einen Vorteil, weshalb sich im Laufe der Geschichte die Beweglichkeit des Daumens immer weiter verbessert hat.

6	Kompetenzbereich:	E ☒	K ☐	F ☒	B ☐
	Aufgabentyp:	AA ☐	PA ☒	DA ☒	

Individuelle Schülerantwort
Primaten leben in sozialen Verbänden und interagieren daher sehr oft mit ihren Artgenossen. Die hochentwickelte Gesichtsmuskulatur könnte ihnen bei der Kommunikation helfen, da die Befindlichkeiten des Gegenübers dadurch oft schon an dessen Gesicht abgelesen werden können.

7	Kompetenzbereich:	E ☒	K ☒	F ☒	B ☐
	Aufgabentyp:	AA ☒	PA ☐	DA ☐	

Eine zunehmend höhere Hirnleistung begünstigt auch die intelligente Kommunikation von in Sozialverbänden lebenden Arten. Und Individuen, die aufgrund ihrer Intelligenz das soziale Verhalten ihrer Artgenossen besser vorhersagen konnten, hatten sicherlich bessere Chancen zu überleben und diese Eigenschaft durch erfolgreiche Fortpflanzung weiterzugeben.

Allerdings verbraucht das Gehirn des modernen erwachsenen Menschen etwa 20% der aus der Nahrung gewonnenen Energie, das von Neugeborenen sogar etwa 60%. Die mögliche Größe eines Gehirns hängt also von der Fähigkeit ab, sich energiereiche Nahrungsquellen zu erschließen.

Durch das Zusammenspiel unter anderem folgender Faktoren konnte dies dem Menschen im Laufe seiner Evolution gelingen:

Der aufrechte Gang und das damit einhergehenden Freiwerden der Hände begünstigten die Jagd, den Transport und das Zerteilen der Nahrung mithilfe von Werkzeugen.

Die Verwendung des Feuers ermöglichte das Garen von Nahrung und machte damit viele Speisen leichter verdaulich.

Vergangenheit und Zukunft des Menschen

▶ Seite 127

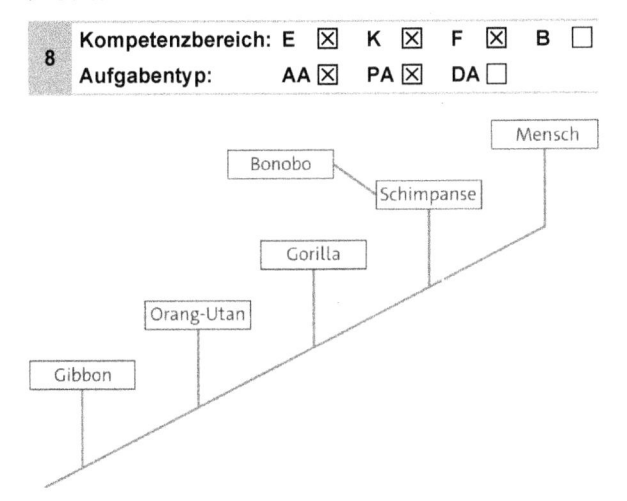

8 Kompetenzbereich: E ☒ K ☒ F ☒ B ☐
Aufgabentyp: AA ☒ PA ☒ DA ☐

Stammbaum (von unten nach oben): Gibbon, Orang-Utan, Gorilla, Schimpanse, Bonobo, Mensch

Cornelsen/newVision! GmbH, Bernhard A. Peter, Pattensen

9 Kompetenzbereich: E ☒ K ☐ F ☒ B ☐
Aufgabentyp: AA ☒ PA ☐ DA ☐

Individuelle Schülerantwort

10 Kompetenzbereich: E ☒ K ☐ F ☒ B ☒
Aufgabentyp: AA ☐ PA ☒ DA ☐

Es kann aus dem Versuch gefolgert werden, dass sich der Schimpanse im Spiegelbild erkennt.

11 Kompetenzbereich: E ☒ K ☐ F ☒ B ☒
Aufgabentyp: AA ☒ PA ☒ DA ☐

Das Jungtier beobachtet das Verhalten seiner Mutter und könnte daraus lernen, wie man Termiten fängt.

▶ Seite 128

1 Kompetenzbereich: E ☒ K ☐ F ☒ B ☐
Aufgabentyp: AA ☐ PA ☒ DA ☐

Da der Körperschwerpunkt vor der knöchernen Hauptachse liegt, haben Affen beim aufrechten Gang eine starke Tendenz dazu vornüber zu fallen. Dies erschwert den aufrechten Gang und muss durch den Einsatz der Muskulatur ausgeglichen werden.

2 Kompetenzbereich: E ☒ K ☐ F ☒ B ☐
Aufgabentyp: AA ☒ PA ☒ DA ☐

- Die Beine sind länger als die Arme. Lange Beine erleichtern ein schnelleres Laufen.
- Das unten am Schädel liegende Hinterhauptsloch, durch das das Rückenmark in den Schädel eintritt, ist zur Mitte hin verschoben. Der Kopf ist dadurch beim aufrechten Gang ausbalanciert, ohne dass ein stärkerer Einsatz von Muskeln nötig ist.
- Das Becken ist viel kürzer und eher schüsselförmig. Durch seine Form trägt das Becken die inneren Organe beim aufrechten Gang und bietet eine größere Ansatzfläche für die großen Gesäßmuskeln, die zum Gehen benötigt werden.
- Die Wirbelsäule ist doppelt s-förmig. Durch ihre Form federt die Wirbelsäule den Kopf und den Rumpf beim aufrechten Gang ab.
- Das Fußskelett ist im Gegensatz zum Greiffuß des Schimpansen gewölbeartig gebaut (Standfuß). Durch das Fußgewölbe wird der Druck beim Gehen abgefedert und besser verteilt.

3 Kompetenzbereich: E ☒ K ☐ F ☒ B ☐
Aufgabentyp: AA ☐ PA ☒ DA ☐

Die Hände werden frei und können anderweitig genutzt werden (zum Beispiel zum Anfertigen von Werkzeugen und Waffen oder zum Tragen von Gegenständen).
Es wird weniger Energie für die Fortbewegung benötigt.
Das Lebewesen kann weiter in die Ferne sehen.
Zur Mittagszeit ist der Sonne eine kleinere Körperfläche ausgesetzt.

4 Kompetenzbereich: E ☒ K ☐ F ☒ B ☐
Aufgabentyp: AA ☐ PA ☒ DA ☐

Der Hirnschädel ist beim Menschen deutlich größer.
Der Kiefer ist beim Schimpansen viel stärker ausgeprägt.
Das Hinterhauptsloch liegt beim Menschen mittig in der Unterseite des Schädels.
Der Schimpanse besitzt starke Überaugenwülste.

▶ Seite 129

5 Kompetenzbereich: E ☒ K ☐ F ☒ B ☒
Aufgabentyp: AA ☐ PA ☒ DA ☐

Der Schädel ähnelt stark dem eines Menschen. Der Kiefer und die Überaugenwülste sind weniger stark ausgeprägt als bei einem Schimpansen, jedoch noch etwas stärker als bei einem modernen Menschen. Das Hinterhauptsloch liegt nicht mittig unter dem Schädel. Die Zahnreihe ist gebogen. Der Schädel ist einem Frühmenschen zuzuordnen, da viele menschliche Merkmale bereits zu erkennen sind.

6 Kompetenzbereich: E ☒ K ☐ F ☒ B ☐
Aufgabentyp: AA ☐ PA ☒ DA ☐

Die „Affenlücke" bietet bei geschlossenem Maul Platz für die großen Eckzähne des gegenüberliegenden Kiefers.

7	Kompetenzbereich:	E ☒	K ☐	F ☒	B ☐
	Aufgabentyp:	AA ☐	PA ☒	DA ☐	

Die Hände der Affen sind gut dafür geeignet Äste zu umschließen.
Die Hände des Menschen mit ihrem sehr beweglichen Daumen eigen sich dazu auch feinere Gegenstände zu greifen.

8	Kompetenzbereich:	E ☒	K ☐	F ☒	B ☐
	Aufgabentyp:	AA ☒	PA ☒	DA ☐	

Die Beherrschung des Feuers erlaubte den Menschen das Garen ihrer Nahrung. Dadurch wurde diese leichter verdaulich.
Zudem bot das Feuer einen Schutz vor wilden Tieren und spendete Licht und Wärme.

9	Kompetenzbereich:	E ☒	K ☐	F ☒	B ☒
	Aufgabentyp:	AA ☒	PA ☒	DA ☐	

Individuelle Schülerantwort
Zum Beispiel bringt eine höhere soziale Intelligenz Vorteile bei der Zusammenarbeit mit anderen.

10	Kompetenzbereich:	E ☒	K ☐	F ☒	B ☐
	Aufgabentyp:	AA ☐	PA ☒	DA ☐	

Demnach müssten alle großen Tiere intelligenter sein als kleinere Tiere. Ein Elch müsste z.B. intelligenter sein als ein Mensch, was vermutlich nicht der Fall ist. Wichtiger als das Volumen ist die Struktur des Gehirns, insbesondere wie stark es gefaltet ist. Bei nah verwandten Arten kann ein größeres Hirnvolumen jedoch ein Hinweis für ein leistungsfähigeres Gehirn sein.

▶ Seite 130

1	Kompetenzbereich:	E ☒	K ☐	F ☒	B ☒
	Aufgabentyp:	AA ☒	PA ☒	DA ☐	

Individuelle Schülerantwort
Eine mögliche Hypothese wäre, dass durch Klimaveränderungen große Flächen an Regenwald zu Savannen wurden und somit den baumbewohnenden Vorfahren des Menschen der Lebensraum knapp wurde. Individuen, die besser an diese veränderten Lebensbedingungen angepasst waren, sich also auf dem Savannenboden besser zurechtfanden, hatten einen Vorteil und konnten sich verstärkt vermehren. Der aufrechte Gang erwies sich hierbei als großer Vorteil und Merkmale, die diesen unterstützen, haben sich über viele Generationen verstärkt entwickelt.

2	Kompetenzbereich:	E ☒	K ☐	F ☒	B ☐
	Aufgabentyp:	AA ☐	PA ☒	DA ☐	

Die Form ihrer Füße, die Position des Hinterhauptslochs sowie das breite Becken deutet stark darauf hin, dass Lucy bereits aufrecht gehen konnte.

▶ Seite 131

3	Kompetenzbereich:	E ☒	K ☐	F ☒	B ☐
	Aufgabentyp:	AA ☒	PA ☒	DA ☐	

Durch die Entwicklung des aufrechten Gangs wurden die Hände frei, was die Herstellung und den Transport primitiver Werkzeuge begünstigte. Der Einsatz dieser Werkzeuge bei der Jagd und die Vorteile beim Sammeln, die sich durch die freien Hände ergaben, verbesserten die Versorgung mit Nahrung. Das Zusammenleben in Familiengruppen aus mehreren Generationen förderte die Weitergabe erlernter Techniken und Herstellungsmethoden. Diese Lebensweise begünstigte Individuen, die noch besser an den aufrechten Gang angepasst waren, sodass dieser im Laufe der Generationen weiter optimiert wurde.

4	Kompetenzbereich:	E ☒	K ☐	F ☒	B ☒
	Aufgabentyp:	AA ☒	PA ☒	DA ☐	

Die Hypothese wird durch die Funde nicht gestützt. Es ist jedoch denkbar, dass primitive Werkzeuge dieser frühen Vorfahren aus Materialien bestanden, die die Zeit nicht überdauert haben, etwa Holz oder Bestandteile von Tieren. Zudem könnten die freien Hände auch ohne die Herstellung von Werkzeugen Vorteile mit sich gebracht haben, die die Evolution des aufrechten Gangs begünstigten, zum Beispiel das Sammeln und der Transport von Nahrung sowie der Einsatz von natürlich vorkommenden Gegenständen, der auch bei Schimpansen beobachtet wird, etwa Steine oder Stöcke etc.

5	Kompetenzbereich:	E ☒	K ☐	F ☒	B ☐
	Aufgabentyp:	AA ☒	PA ☒	DA ☐	

Ein Fell kann sich bei der Nahrungssuche im Wasser als ungünstig herausstellen, sofern dieses nicht an diese Lebensweise angepasst ist wie etwa bei Ottern oder Robben. Es wird nass und damit schwerer und behindert somit die Fortbewegung. Individuen, die von Natur aus weniger Haare hatten, könnten somit einen Vorteil bei der Nahrungssuche im Wasser gehabt haben, wodurch das Haarkleid im Laufe der Evolution verschwunden sein könnte.

Vergangenheit und Zukunft des Menschen

6 | Kompetenzbereich: E ☒ K ☐ F ☒ B ☐
Aufgabentyp: AA ☒ PA ☒ DA ☐

Die Biogenetische Grundregel ist eine von Ernst Haeckel veröffentlichte These. Die Entwicklung des Embryos kann demnach als ein Schnelldurchlauf der Stammesgeschichte gesehen werden. So werden beispielsweise im frühen Stadium auch ein Schwanz und Kiemenanalgen ausgebildet, die im Lauf der weiteren Entwicklung wieder verschwinden.

7 | Kompetenzbereich: E ☒ K ☐ F ☒ B ☐
Aufgabentyp: AA ☒ PA ☒ DA ☐

Es handelt sich hierbei um eine konvergente Entwicklung. Als Angepasstheit an ähnliche Bedingungen können bei verschiedenen Arten unabhängig voneinander ähnlich Merkmale ausgebildet werden.

▶ Seite 132

1 | Kompetenzbereich: E ☒ K ☐ F ☒ B ☒
Aufgabentyp: AA ☒ PA ☒ DA ☐

Aus dem Fund eines einzelnen oder weniger Knochen lässt sich oft nur schwer ableiten, ob dieser zu einer neuen Art gehört oder einen individuellen Unterschied innerhalb einer Art darstellt. Auch andere Faktoren wie das Alter des Individuums bei seinem Tode sowie Umweltbedingungen wie die Verfügbarkeit von Nahrung zu Lebzeiten können Auswirkungen auf das Wachstum eines Lebewesens haben.

2 | Kompetenzbereich: E ☒ K ☒ F ☒ B ☐
Aufgabentyp: AA ☒ PA ☒ DA ☐

Auf die Verbindungslinien in der Darstellung wurde verzichtet, da auf Grundlage der meist lückenhaften Funde oft keine Aussage darüber getroffen werden kann, ob es sich bei zwei, zeitlich eng beieinander liegenden Arten um direkte Vor- oder Nachfahren oder lediglich um Schwesterarten handelt. Zudem führen viele Entwicklungen in evolutive Sackgassen, die mit dem Aussterben einer Art enden.

3 | Kompetenzbereich: E ☒ K ☒ F ☒ B ☐
Aufgabentyp: AA ☒ PA ☒ DA ☒

Für die menschliche Evolution bedeutet dies, dass diese nicht nur geradlinig verlief, sondern auch in der Horizontalen über „Artgrenzen" hinweg. Zum Zeitpunkt der erfolgreichen Kreuzung waren sich die entsprechenden „Arten" genetisch zudem so ähnlich, dass nach der biologischen Artdefinition sogar von einer Art gesprochen werden müsste, da diese in der Lage waren, sich untereinander zu paaren und fertile Nachkommen zu zeugen.

Durch diese Kreuzungen gelangten auch neue Allele oder gar Gene einer Menschenpopulation in den Genpool. Waren diese in ihren Auswirkungen vorteilhaft, konnten sie die Evolution des Menschen beschleunigen.

4 | Kompetenzbereich: E ☒ K ☒ F ☒ B ☐
Aufgabentyp: AA ☒ PA ☒ DA ☐

Individuelle Schülerantwort

5 | Kompetenzbereich: E ☒ K ☐ F ☒ B ☐
Aufgabentyp: AA ☒ PA ☒ DA ☐

A Der Kiefer wurde im Laufe der Evolution deutlich kleiner. Dies hängt vermutlich mit der Zubereitung der Nahrung mithilfe des Feuers zusammen, welche das Kauen deutlich erleichtert und einen starken Kiefer somit überflüssig macht. Der Vorteil ist, dass weniger Muskeln für die Nahrungsaufnahme benötigt werden, der Nachteil, dass der Mensch einige Nahrungsquellen roh nicht mehr nutzen kann. Zudem wurde der Hirnschädel im Laufe der Entwicklung immer größer. Ein größeres, komplexeres Gehirn ermöglicht dem Menschen Denkleistungen, die weit über die, anderer Tiere, hinausgehen. Jedoch benötigt ein großes Gehirn auch viel Energie.

B *Homo floresiensis* war eine kleinwüchsige Frühmenschenart, deren Überreste auf der Insel Flores gefunden wurden. Die geringe Körpergröße geht auf die so genannte Inselverzwergung zurück. Damit einher geht zu einem gewissen Anteil auch die Ausbildung eines kleineren Schädels. Da die Verzwergung das kleine Gehirnvolumen nicht vollständig erklären kann, gehen Wissenschaftler heute davon aus, dass ein großes Gehirn für den *Homo floresiensis* keinen Vorteil darstellte, sondern durch den hohen Energieverbrauch sogar ein Nachteil war. Individuen mit kleineren Gehirnen konnten sich daher verstärkt fortpflanzen.

6 | Kompetenzbereich: E ☒ K ☐ F ☒ B ☒
Aufgabentyp: AA ☒ PA ☒ DA ☐

Der dünne Zahnschmelz weist darauf hin, dass *Homo habilis* keine oder nur wenige grüne Pflanzen zu sich genommen hat, da diese sehr gründlich gekaut werden müssen. Die kleinen Zähne deuten zudem darauf hin, dass zähe oder harte Nahrung wie rohes Fleisch oder Nüsse wohl eher nicht zu seiner Ernährung beigetragen haben. Denkbar wäre dagegen, dass er sich von gebratenem Fleisch, Früchten und oder Insekten und anderen Wirbellosen ernährte.

| 7 | Kompetenzbereich: | E ☒ | K ☐ | F ☒ | B ☐ |
| | Aufgabentyp: | AA ☒ | PA ☒ | DA ☐ | |

Individuelle Schülerantwort
Die Frühmenschen, die sich vor 1,8 Mio. Jahren auf der Welt ausbreiteten, wurden teilweise von anderen Frühmenschen und letztlich vom modernen Menschen verdrängt, als dieser sich auf der Welt verbreitete.

| 8 | Kompetenzbereich: | E ☒ | K ☐ | F ☒ | B ☐ |
| | Aufgabentyp: | AA ☒ | PA ☒ | DA ☐ | |

Unsere Vorfahren konnten vor etwa 15.000 Jahren über eine, während der Eiszeit trockenliegenden, Landverbindung von Asien nach Amerika gelangen. Nach dem Ende der Eiszeit stieg der Meeresspiegel wieder an und kappte diese Verbindung.

▶ Seite 134

| 1 | Kompetenzbereich: | E ☒ | K ☐ | F ☒ | B ☐ |
| | Aufgabentyp: | AA ☒ | PA ☒ | DA ☐ | |

Die Werkzeuge könnten durch die Bearbeitung mit anderen Steinen hergestellt worden sein. Die gezahnten Werkzeuge könnten zum Sägen, die Spitzen zum Durchbohren von z.B. Tierhäuten genutzt worden sein. Die größeren, scharfkantigen Steinwerkzeuge könnten zum Öffnen von Früchten oder dem Abschaben von Fleisch gedient haben.

| 2 | Kompetenzbereich: | E ☒ | K ☐ | F ☒ | B ☐ |
| | Aufgabentyp: | AA ☒ | PA ☒ | DA ☐ | |

Individuelle Schülerantwort
Die Greifhand ermöglicht die Herstellung und das Einsetzen von Werkzeugen. Hierfür wiederum ist ein leistungsfähiges Gehirn notwendig, das über Vorstellungskraft verfügt und sich Arbeitsabläufe merken kann. Die Fähigkeit zu Sprechen wiederum stärkt den sozialen Austausch, sodass Wissen an andere weitergegeben werden kann. Je beweglicher die Hände waren, umso komplexere Gegenstände konnten sie herstellen. Hatte nun unter den geschickten Individuen eines ein leistungsstärkeres Gehirn, konnte es noch komplexere Werkzeuge erfinden. Eine immer komplexere Sprache war wiederum nötig, um diese Dinge zu beschreiben. So bedingten und verstärkten sich diese Aspekte und führten schließlich zur Entstehung von Kulturen.

| 3 | Kompetenzbereich: | E ☒ | K ☐ | F ☒ | B ☐ |
| | Aufgabentyp: | AA ☒ | PA ☒ | DA ☐ | |

Individuelle Schülerantwort
Kleine Kunstwerke, die keinen praktischen Zweck erfüllten und im Jungpaläolithikum entstanden sind. Zum Beispiel kleine Figuren, Schmuck etc.

| 4 | Kompetenzbereich: | E ☐ | K ☐ | F ☒ | B ☒ |
| | Aufgabentyp: | AA ☒ | PA ☒ | DA ☐ | |

Größere Gemeinschaften bieten mehr Schutz und erlauben die Ausbildung spezieller „Berufe". So können Individuen auf einem bestimmten Gebiet eine größere Expertise entwickeln und zum Beispiel besonders komplexe Werkzeuge herstellen.
Damit das Zusammenleben funktioniert, müssen jedoch Regeln festgelegt werden. Zudem machen sich die Individuen stärker voneinander abhängig. Gehen die Jäger zum Beispiel nicht jagen, hungert die ganze Gemeinschaft.

| 5 | Kompetenzbereich: | E ☐ | K ☐ | F ☒ | B ☐ |
| | Aufgabentyp: | AA ☒ | PA ☒ | DA ☐ | |

Die Erfindung der Schrift erlaubte es unseren Vorfahren Wissen zu speichern und über Generationen hinweg zu bewahren, ohne auf das Gedächtnis einzelner Individuen angewiesen zu sein. Verschriftliches Wissen konnte zwischen Personen, die lesen konnten, ausgetauscht und weitergegeben werden. Jedoch konnten über lange historische Zeiträume in den Gemeinschaften meist nur ausgewählte Eliten lesen und schreiben. Zudem war das Vervielfältigen geschriebener Texte sehr zeitaufwendig. Dies änderte sich erst mit der Entwicklung des Buchdrucks, wodurch die Schrift einem weit größeren Teil der Bevölkerung zugänglich wurde. Dies förderte wiederum das Erlernen der Schrift und machte große Mengen an Wissen für eine breite Masse zugänglich. Die Erfindung digitaler Speichermedien und schließlich des Internets potenzierte diesen Effekt noch einmal. Das gesammelte Wissen der Menschheit ist nun jederzeit und überall abrufbar und steht einem großen Teil der Weltbevölkerung zur Verfügung.

| 6 | Kompetenzbereich: | E ☐ | K ☐ | F ☒ | B ☐ |
| | Aufgabentyp: | AA ☒ | PA ☒ | DA ☐ | |

Individuelle Schülerantwort
Bei der biologischen Evolution kommt es im Laufe vieler Generationen zu Veränderungen der Erbanlagen als Folge der bevorzugten Fortpflanzung von Individuen, die zufällig besser an ihre Umwelt angepasst sind. Bei der kulturellen Evolution dagegen ändern sich, oft schon in vergleichsweise kurzen Zeiträumen, Praktiken, Herstellungsverfahren und sonstige Verhaltensweisen durch die Weitergabe von Wissen und der Weiterentwicklung von Ideen.
In beiden Fällen werden Informationen weitergegeben, einmal in Form von DNA und ein andermal in Form von Schrift, Sprache etc.
Die kulturelle Evolution kann hierbei weitaus schneller erfolgen als die biologische. Im Gegensatz zur biologischen Evolution muss das entsprechende Wissen allerdings von jedem Individuum erneut erlernt werden.

Vergangenheit und Zukunft des Menschen

7 Kompetenzbereich: E ☐ K ☒ F ☒ B ☒
Aufgabentyp: AA ☒ PA ☒ DA ☐

Individuelle Schülerantwort
Der Mensch ist für den Erhalt von funktionierenden Ökosystemen und den Schutz von anderen Lebewesen verantwortlich.

▶ Seite 135

1 Kompetenzbereich: E ☒ K ☐ F ☒ B ☐
Aufgabentyp: AA ☒ PA ☒ DA ☐

Das starke Bevölkerungswachstum seit ca. 1900 hängt stark mit der Industrialisierung und Entwicklungen in der landwirtschaftlichen Produktion sowie in der Medizin zusammen. So kann die gleiche Fläche heutzutage weitaus mehr Menschen ernähren als noch vor 120 Jahren. Zudem ist die Kindersterblichkeit durch den medizinischen Fortschritt stark zurückgegangen und die Menschen erreichen durchschnittlich ein höheres Alter.

2 Kompetenzbereich: E ☒ K ☒ F ☒ B ☐
Aufgabentyp: AA ☒ PA ☒ DA ☐

Die Entwicklung der nächsten 30 Jahre ist an viele Faktoren geknüpft, die zum Teil nur schwer vorhersehbar sind. So könnten neue Entwicklungen in der Medizin oder Landwirtschaft das Wachstum positiv beeinflussen, begrenzte Ressourcen, wirtschaftliche Krisen, Kriege und Naturkatastrophen bzw. starke Klimaveränderungen dagegen könnten einen negativen Einfluss auf die Bevölkerungszahl haben.

3 Kompetenzbereich: E ☒ K ☐ F ☒ B ☐
Aufgabentyp: AA ☒ PA ☒ DA ☐

Unter dem ökologischen Fußabdruck versteht man die Fläche, die benötigt wird, um den Lebensstandard eines Menschen zu ermöglichen. Neben Flächen, die zur Erzeugung der Nahrung benötigt werden, fallen hier auch jene an, die z.B. nötig sind, um Kleidung, Gebrauchsgegenstände und Energie bereitzustellen. Damit ist der ökologische Fußabdruck ein Indikator für Nachhaltigkeit.

4 Kompetenzbereich: E ☒ K ☒ F ☒ B ☐
Aufgabentyp: AA ☒ PA ☒ DA ☐

Der Earth Overshoot Day soll auf die Übernutzung der natürlichen Ressourcen aufmerksam machen und kann als Appell für eine nachhaltigere Politik verstanden werden.

5 Kompetenzbereich: E ☒ K ☐ F ☒ B ☐
Aufgabentyp: AA ☒ PA ☒ DA ☐

A Läge die Gesamtfruchtbarkeitsrate bei genau 2, würden z.B. Todesfälle von Kindern, bevor sie selbst Nachwuchs zeugen konnten, zum Sinken der Bevölkerungszahl führen.

B Der Lebensstandard und insbesondere die medizinische Versorgung sind in einigen Teilen Chinas noch nicht in dem Maße vorhanden wie beispielsweise in Deutschland. Es sterben somit mehr Menschen, bevor sie Kinder bekommen können. Deshalb ist eine höhere Gesamtfruchtbarkeitsrate nötig, damit die Bevölkerungszahl konstant bleibt.

6 Kompetenzbereich: E ☐ K ☒ F ☒ B ☒
Aufgabentyp: AA ☒ PA ☒ DA ☐

Individuelle Schülerantwort
a) Bei einem starken Bevölkerungswachstum müssen die Ressourcen einer Gesellschaft auf mehr Personen verteilt werden.
b) Sowohl eine sinkende als auch eine stark wachsende Bevölkerungszahl können sich negativ auf die politische Stabilität auswirken.
c) Ein starkes Bevölkerungswachstum führt zu einer Verjüngung der Gesellschaft, während eine sinkende Bevölkerungszahl meist mit einer Überalterung der Gesellschaft einhergeht.

7 Kompetenzbereich: E ☒ K ☒ F ☒ B ☒
Aufgabentyp: AA ☒ PA ☒ DA ☐

Individuelle Schülerantwort
Je nach Studie gehen Experten davon aus, dass die Welt langfristig zwischen vier und 16 Milliarden Menschen ernähren könnte. Bezogen auf die beiden Aussagen ergibt sich das Problem der begrenzten Ressourcen, die zur Verfügung stehen. Ein Lebensstandard wie beispielsweise in Deutschland wäre bereits heute nicht für die gesamte Weltbevölkerung möglich. Die freie Entscheidung über die Anzahl eigener Kinder muss auch hinsichtlich der erwähnten Ressourcen diskutiert werden.

8 Kompetenzbereich: E ☐ K ☒ F ☒ B ☒
Aufgabentyp: AA ☒ PA ☒ DA ☐

Ein starkes Bevölkerungswachstum geht mit einem stärkeren Bedarf an Flächen zum Anbau von Nahrungsmitteln und zur Erzeugung von Energie und Gebrauchsgegenständen einher. Damit gehen anderen Lebewesen Lebensräume verloren, was sich negativ auf die biologische Vielfalt unserer Erde auswirkt.

9	Kompetenzbereich: E ☐ K ☒ F ☒ B ☒
	Aufgabentyp: AA ☒ PA ☒ DA ☐

Eine wachsende Bevölkerung benötigt mehr Nahrung und Energie. Für die Nahrungsmittelproduktion müssen Flächen, die ansonsten z.B. bewaldet waren, gerodet werden. Damit kann weniger CO_2 gebunden werden. Zugleich wird mehr Energie benötigt, die aktuell überwiegend aus fossilen Brennstoffen gewonnen wird, wodurch verstärkt CO_2 in die Atmosphäre gelangt. Da CO_2 ein Treibhausgas ist, führt dessen vermehrte Freisetzung zur globalen Erwärmung.

▶ Seite 136

1	Kompetenzbereich: E ☒ K ☒ F ☒ B ☐
	Aufgabentyp: AA ☒ PA ☒ DA ☐

Individuelle Schülerantwort

2	Kompetenzbereich: E ☒ K ☐ F ☒ B ☐
	Aufgabentyp: AA ☒ PA ☒ DA ☐

Individuelle Schülerantwort
Ein größeres Gehirn bietet einem Löwen keinen Vorteil.

▶ S. 138

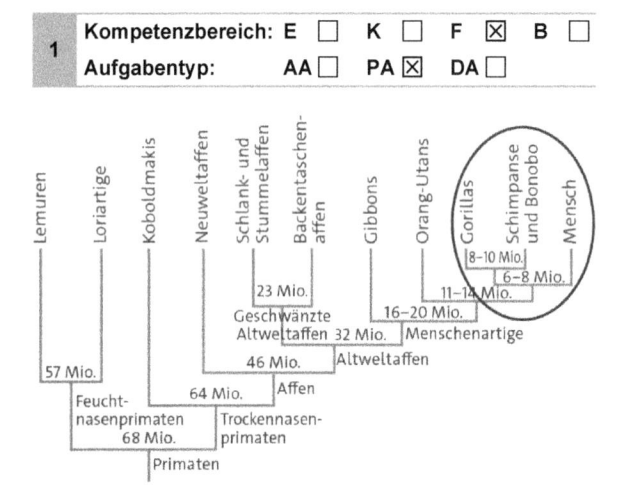

1	Kompetenzbereich: E ☐ K ☐ F ☒ B ☐
	Aufgabentyp: AA ☐ PA ☒ DA ☐

Cornelsen/newVision! GmbH, Bernhard A. Peter, Pattensen

Mensch und Menschenaffe haben einen gemeinsamen Vorfahren, aber der Mensch stammt nicht von den heutigen Menschenaffen ab.

2	Kompetenzbereich: E ☒ K ☒ F ☒ B ☐
	Aufgabentyp: AA ☒ PA ☒ DA ☒

Wenn Schimpansen gehen und dafür ein Bein vor das andere setzen, müssen sie dafür den Körper anheben. Aus diesem Grund können sie auch nur schaukelnd vorwärtsgehen. Des Weiteren ist der Stand von Schimpansen deutlich unsicherer.

3	Kompetenzbereich: E ☐ K ☒ F ☒ B ☒
	Aufgabentyp: AA ☐ PA ☒ DA ☒

Individuelle Schülerantwort

4	Kompetenzbereich: E ☐ K ☒ F ☒ B ☒
	Aufgabentyp: AA ☐ PA ☒ DA ☒

Ist der Mensch das Ziel der Evolution? Evolution verläuft ohne Ziel und Plan. Sie bringt vielmehr viele verschiedene, zufällige und vorläufige Ergebnisse hervor, so auch den Menschen.
Stammt der Mensch vom Affen ab? Nein, der Mensch stammt nicht von einer heute lebenden Affenart ab, sondern von einer ausgestorbenen Menschenaffen-Art. Bzw. Mensch und heutige Menschenaffen haben gemeinsame Vorfahren.
Warum haben Schimpansen sich nicht zum Menschen entwickelt? Unter ihren gegebenen Lebensbedingungen (Umweltbedingungen und spezifische Lebensweise) haben sich Schimpansen dementsprechend anders entwickelt als Menschen.
Nimmt der Mensch eine Sonderstellung in der Natur ein? Unter Sonderstellung darf man nicht verstehen, dass der Mensch nicht zu der Natur gehören würde. Man könnte sagen, er hat eine besondere Rolle, da er gleichzeitig Teil und Gegenüber von Natur ist. Sicherlich verfügt der Mensch über einige besondere Fähigkeiten wie Selbstreflexionsfähigkeit, moralisches Denken und Handeln, Schaffung von Kultur unter weitgehender Veränderung der Umwelt u.a. Jedoch darf man dabei nicht vergessen, dass jedes Lebewesen ganz spezifische und damit besondere Eigenschaften hat. Sonderstellung darf nicht so verstanden werden, als ob der Mensch etwas „Besseres" als andere Lebewesen wäre. Treffender wäre es, von der biologischen Eigenart des Menschen zu sprechen – genauso wie alle Lebewesen artspezifische Eigenarten haben.
Ist der Mensch das am höchsten entwickelte Lebewesen? Von höher und nieder entwickelten Lebewesen sollte man im Zusammenhang mit der Evolution nicht sprechen, da dies eine Bewertung beinhaltet, die so nicht haltbar ist. Es gibt keine zielgerichtete Höherentwicklung in der Evolution, sondern nur eine enorme Vielfalt an Lebewesen und Lebensweisen. Alle Lebewesen unterscheiden sich in vielerlei Merkmalen, sind deswegen jedoch nicht als „besser" oder „schlechter" zu bewerten, sondern jeweils nur als „anders".

5	Kompetenzbereich: E ☒ K ☐ F ☒ B ☒
	Aufgabentyp: AA ☒ PA ☒ DA ☐

A Je größer ein Tier ist, desto größer ist auch sein Gehirnvolumen. Je größer ein Tier ist, desto niedriger ist sein Gehirnvolumen im Vergleich zu seinem Körpergewicht.

Vergangenheit und Zukunft des Menschen

B Wie gut der Erhalt einer Art gelingt, hängt davon ab, wie gut sich diese Art fortpflanzen kann, also vom reproduktiven Erfolg. Der reproduktive Erfolg wiederum hängt sehr eng vom Energiebedarf ab. Das Gehirn ist das Organ mit dem höchsten Energiebedarf, was wiederum bedeutet, dass bei Vorhandensein eines großen Gehirns viel Nahrung beschafft werden muss, was evolutionsbiologisch (zunächst) einen Nachteil darstellt.

C Aufgrund ihres großen Gehirns hatten Steinzeitmenschen der Gattung *Homo* Vorteile in Bezug auf ein frühzeitiges Erkennen von Gefahren, die Herstellung von Werkzeugen, den Anbau von Pflanzen, die Geschicklichkeit bei der Jagd sowie die Erfindung des Feuers und somit insgesamt auch bei der Versorgung mit Nahrung.

6	Kompetenzbereich:	E ☒	K ☒	F ☒	B ☒
	Aufgabentyp:	AA ☒	PA ☒	DA ☒	

A Jagd, Wildfang, Zirkus, Zoo, Tierversuche, Vernichtung ihrer Lebensräume

B Die genetische Übereinstimmung zwischen Menschenaffen und Menschen ist sehr hoch; Nicht die Zugehörigkeit zu einer Spezies sollte darüber entscheiden, wer Träger von Grundrechten ist, sondern Fähigkeiten besitzen wie ein Ich-Bewusstsein, Empfindens- und Leidensfähigkeit, vorausschauendes Denken, kognitive Fähigkeiten zu planvollen intelligenten Handlungen etc. Die kognitiven, emotionalen, sozialen und kommunikativen Fähigkeiten von Menschenaffen unterscheiden sich kaum von denen von Menschen.

C *Individuelle Schülerantwort*

▶ **S. 139**

7	Kompetenzbereich:	E ☒	K ☒	F ☒	B ☒
	Aufgabentyp:	AA ☒	PA ☒	DA ☒	

Individuelle Schülerantwort

8	Kompetenzbereich:	E ☐	K ☒	F ☒	B ☐
	Aufgabentyp:	AA ☒	PA ☒	DA ☐	

Viele Errungenschaften der kulturellen Evolution bringen auch Risikofaktoren für die genannten Erkrankungen mit sich: z.B. ein Überangebot an sehr schnell und leicht verfügbaren Nahrungsmitteln (mit auch zu viel Fett und Zucker); viele überwiegend sitzende Tätigkeiten, insbesondere vor dem Computer / Tablet / Handy; Hektik, Stress; Schaffung und Konsum von Genussmitteln wie Tabakwaren, Alkohol, Kaffee etc.; mediendominierte Freizeitgestaltung mit zu wenig körperlicher Bewegung

9	Kompetenzbereich:	E ☒	K ☐	F ☒	B ☐
	Aufgabentyp:	AA ☒	PA ☒	DA ☐	

Durch die Sesshaftigkeit wurde mehr Landwirtschaft betrieben und somit wurden mehr pflanzliche Nahrungsmittel verzehrt. Die pflanzliche Nahrung weist einen hohen Stärkeanteil auf. Je höher der Stärkeanteil in der Nahrung ist, desto höher ist das Risiko für Karies, da der beim Abbau der Stärke entstehende Zucker die Bakterienvermehrung im Mund verstärkt und die entstehende Säure die Zähne schädigt.

10	Kompetenzbereich:	E ☒	K ☒	F ☒	B ☐
	Aufgabentyp:	AA ☒	PA ☒	DA ☐	

A Forschungsfrage: Sind die Lautproduktion und das Lautverständnis bei Rhesusaffen und Japan-Makaken angeboren oder erlernt?
Hypothesen: Die Lautproduktion ist angeboren. Das Lautverständnis ist erlernbar.

B Die Lautproduktion bei den untersuchten Primaten ist angeboren, das Lautverständnis hingegen erlernbar. Die Hypothesen konnten bestätigt werden.

11	Kompetenzbereich:	E ☐	K ☐	F ☒	B ☐
	Aufgabentyp:	AA ☐	PA ☒	DA ☐	

Homologmodell: Torso des Menschen
Analogmodell: Zelle als Stadt
Konstruktmodell: Neandertaler